그림책,
교사의 삶으로
다가오다

그림책,
교사의 삶으로
다가오다

초판 1쇄 발행 2020년 4월 20일
초판 2쇄 발행 2021년 11월 18일

지은이 | 김준호

발행인 | 최윤서
편집장 | 허병민
디자인 | 디자인붐
마케팅지원 | 김수경, 최수정
펴낸 곳 | (주)교육과실천
도서문의 | 02-2264-7775
인쇄 | 031-945-6554 두성 P&L
일원화 구입처 | 031-407-6368 (주)태양서적
등록 | 2020년 2월 3일 제2020-000024호
주소 | 서울특별시 중구 창경궁로 18-1 동림비즈센터 505호
ISBN 979-11-969682-0-5 （13370）

값은 뒤표지에 있습니다.

저작권법에 따라 한국 내에서 보호를 받는 저작물이므로 무단 전재 및 복제를 금합니다.

그림책,
교사의 삶으로
다가오다

김준호 지음

교사에게
그림책이 필요한
순간

추천사

　김준호 선생님의 글은 그림책을 닮았다. 간결하면서도 마음을 여는 힘이 있다. 김준호 선생님은 교사이다. 나 역시 교사로서의 삶이 녹록하지 않았던 사람이라 그런지 김준호 선생님의 그림책 읽기와 글에 마음이 움직인다. 그림책과의 만남은 저자가 자신에게 말을 걸게 된 계기가 되었고, 교사로서의 일상과 민낯으로 만나는 매개체가 되었다.
　이 책이 특별한 점은 세 가지이다. 먼저 그림책을 선정하는 안목이 특별하다. 수많은 그림책 중에서 본인에게 말을 거는 가장 적절한 책을 골라내는 것은 쉬운 일이 아니다. 그런데 이 책에서는 그 작업이 지난한 저자의 질문과 답을 찾는 과정 속에서 엄숙하게 수행되었음을 보여준다.
　그리고 그림책과 교사로서의 자신의 일상을 바라보며 연결하는 관점이 특별하다. 그림책 텍스트와 이미지를 이해하는 과정에서 자기 정체성을 확인하고 자신의 삶을 독창적으로 해석하는 과정을 엿볼 수 있다. 우리는 그 누군가로 대체할 수 없으며 '내'가 아니면 안 되는 특별한 존재임을 깨달아가는 과정을 그림책과 자연스럽게 연결하여 나도 모르게 머리를 끄덕이며 마음으로 공감하게 된다.

마지막으로 교사의 삶이 학생과의 만남이 전제되어 있음을 그림책 읽기로 보여준다는 점에서 특별하다. 교단에 선 자는 먼저 성숙한 어른이어야 한다. 아니면 최소한 성숙한 사람이 되고자 노력하는 진정성을 보여줄 수 있어야 한다. 사람은 직관적으로 알기 때문이다. 어린아이도 내가 누구에게 배울 수 있는지, 누가 나를 가르칠 수 있는지, 누가 나를 사랑하는지를 안다. 저자는 그림책으로 자신을 돌보고 나답게 살고자 발버둥 치는 성찰적 질문들을 계속 던지고 있다. 이 질문들은 결국 학생들과의 만남을 전제로 하는 것임을 보여준다.

프롤로그에서 저자는 그저 '다정한 자국 정도'를 남기는 것을 소망한다고 했다. 이 글을 읽는 독자들은 그림책과 함께 자신의 삶을 한 발 한 발 성실하고 진솔하게 걸어가는 한 사람의 인생을 바라보며 진한 공감의 자국을 남기게 될 것이다.

_ 권현숙, 호평고등학교 교사, 『쉽고 재미있게 생각을 나누는 그림책 토론』 저자

    언젠가부터 우리는 교사로서의 존재 가치와 효용성을 스스로 증명해야 한다는 부담감을 지게 되었다. 끊임없이 수업 기술을 연마하고 트렌드에 뒤처지지 않아야 하며 그 와중에 교육 철학도 세워야 하고 인간미까지 갖춰야 한다. 이 모든 것을 하려면 뒤돌아볼 여유가 없다. 휴일에도 연수를 쫓아다니고, 철학을 세우려면 책을 읽어야 한다니 독서도 의무적으로 한다. 종일 TV를 보며 쉬어버린 주말 저녁이면 '이래도 되나? 너무 나태한 것 아닌가?'라는 생각에 마음이 불편하다. 그렇게 살아왔지만 누군가가 나에게 "당신은 좋은 교사인가요?"라고 묻는다면 선뜻 "Yes!"라고 말할 자신이 없다. 교사라면 누구나 하고 있는 고민이지만, 대부분은 그 문제에 대해 깊이 파고들지 않는다. 그날그날 수업 시간에 맞춰 흘러가다 보면 고민은 어느덧 교사의 자존감을 좀먹기 시작한다.

    교사는 그 어떤 직업보다도 자신을 돌아보아야 하는 사람이라는 사실을 이 책을 읽고 깨달았다. 자신은 트러블 메이커에 아웃사이더였다고 소개하는 김준호 선생님의 솔직하고 깊이 있는 성찰은 교사들에게 좋은 본보기가 되어줄 것이다. 저자는 좋은 교사란 어떠해야 하는지에 대한 커다란 질문을 던진 뒤, '나는 특별한가? 나답게 산다는 것은 어떤 것일까?'와 같은 질문을 연결해 차근차근 독자를 성찰로 이끈다. 교사의 내면으로부터 관계, 수업, 학교문화까지 이어지는 성찰의 흐름은 오랜 시간 철학적 탐구공동체와 토론 수업으로 다져진 선생님의 저력을 확인하게 한다.

저자는 그림책을 만나고 나서 자신의 부끄러운 내면도, 부족함도 사랑할 수 있게 되었다고 한다. 혼자가 더 편했던 자신을 함께하는 기쁨을 누리는 사람으로 바꾼 것도 그림책이라고 한다. 그림책으로 변화한 자신의 교직 이야기를 여러 선생님과 나누고 싶었다는 저자의 설명을 들으며 그림책을 다시 들여다본다. 전과는 다르게 한 장 한 장이 마음을 울리며 다가온다. 그림책을 통해 자신뿐 아니라 학생과 동료의 마음을 헤아리고 위로하고 싶은 선생님의 진심이 고스란히 전해진다.

김준호 선생님은 토론 수업과 그림책 수업에서 이미 일가견을 이룬 사람이다. 하지만 그는 늘 함께 공부하자고 먼저 제안하고 자신의 앎을 적극적으로 나누어준다. 학생들에게 한 권의 책 같은 사람으로 기억되고 싶고, 선생님들의 마음에 다정한 자국 정도를 남기기를 소망한다는 그는 이미 우리의 마음속에 다정한 자국 그 이상을 남기고 있다. 이 책을 통해 많은 선생님이 스스로를 돋보이고 빛나는 존재로 인정하고 행복한 교직 생활을 경험하길 바란다.

_ 진소정, 배곧해솔중학교 교사, 「그림책 학급운영」 저자

　김준호 선생님의 고백은 울림이 있어요. 그림책이 내게 "당신은 특별한 사람이고, 당신답게 살아가며, 자신을 사랑하는 모습이 참 좋다"라고 말하지요. 『그림책, 교사의 삶으로 다가오다』를 읽으면서 마음 깊은 그림책들 이야기에 깊이 빠져들었지요. 진정한 내 삶의 모습에 대해서 다시 생각을 해보게 되었으니까요. 그리고 멋진 교사로 거듭나기 위해 늘 애써온 고독한 교직의 길에 힘과 위안을 주는 여러 그림책 이야기에 마음이 참 따뜻해졌어요. 교사로서 살아가는 우리 선생님들께 커다란 힘이 되어줄 따뜻한 책을 세상에 내주셔서 마음으로 감사드려요.

_ 김충근, 의정부신곡초등학교 교장, 그림책 『풀피리 부는 도깨비, 풀깨비』 작가

　선생님도 그림책을 만드는 나처럼 부족함과 배움에 관해 고민할까? 이 책은 그림책을 보며 교사의 삶을 다시 돌아보는 '교사 김준호'의 이야기다. 사람은 저마다 질문을 만들고 답을 구하기 위해 다양한 길을 걷는다. 그림책은 이야기를 통해 다양한 시각으로 세상을 보여준다.

이 책을 읽기 전, 나와 김준호 선생님에게 그림책을 보며 삶의 질문을 발견하는 사람이란 공통점이 있었다. 책을 읽고 난 후, 우리에게 말을 걸어온 그림책을 쉽게 손에서 놓지 못할 것이라는 공통점이 하나 더 늘어났다. 기쁜 발견이다. 더불어 내가 만든 그림책의 독자이신 김준호 선생님께 감사를 전한다. 이제 내가 선생님의 독자가 되었다는 기쁨도 즐거운 발견이다.

_ 고정순, 그림책 작가, 「가드를 올리고」, 「철사 코끼리」 등

차례

추천사 · 4

프롤로그 · 12

1장 · 그림책, 나에게 말을 걸다

존재 그 자체만으로 특별하고 아름다운 · 20

나답게 사는 행복 · 32

나를 알고 사랑하기 · 46

사람은 사람 사이에 있을 때 가장 빛난다 · 60

지금 이 순간, 나와 함께 있는 이들을 위해 · 74

마음껏 가르치고 배우는 교사가 되고 싶다 · 88

믿고 기다려 준다면, 누구나 아름다운 꽃을 피운다 · 100

한 뼘이라도 함께 손을 잡고 오르는 담쟁이처럼 · 112

나의 케렌시아는 어디인가? · 124

2장 · 그림책, 교사에게 말을 걸다

- 수업에 대한 희망의 끈을 놓지 않는다면 · 138
- 교사는 수업으로 세상을 변화시키는 위대한 존재다 · 148
- 제왕적 교사였던 나를 반성하며 · 160
- 제왕적 교사에서 진정한 교사로 · 174
- 아무것도 해주지 못해 미안해 · 188
- 스스로의 힘으로 세상을 훨훨 날 수 있도록 · 196
- 빨간 벽 너머의 세상을 꿈꾸며 · 208
- 학생들이 할 수 있다는 믿음으로 · 222
- 교사로 살아간다는 것 · 232

에필로그 · 244

이 책에 소개된 그림책 · 250

프롤로그

"선생님은 좋은 교사예요?"

몇 해 전 첫 수업 시간에 한 학생에게 받은 질문이다. 나는 첫 수업의 15분 정도를 나를 소개하는 시간으로 할애한다. 내가 일방적으로 말하는 것이 아니라 학생들의 질문에 답을 하는 방식으로 진행한다. 학생들은 보통 내 나이, 첫사랑, 평가 방법 등과 관련해 다양한 질문을 하는데 그날도 별반 다르지 않았다. 그런데 그날 교직 생활 처음으로 "선생님은 좋은 교사예요?"라는 질문을 받았다. 다른 질문에는 바로 대답을 했는데, 이 질문에는 선뜻 답하기가 어려웠다. 그래서 "내가 좋은 교사인지 함께 생활하면서 알아가길 바란다"라고 하며 대충 얼버무렸다.

수업을 마치고 나서도 온종일 그 질문이 계속 머릿속에서 맴돌았다. 하루가 가고 이틀이 지나도 좀처럼 사라지지 않았다. '과연 난 좋은 교사일까?' 그 학생의 질문에 대해 많은 생각을 했다. 하지만 사실, 난 좋은 교사가 아니라는 것을 알고 있었다. 부끄러웠다.

난 학생들을 사랑하는 마음이 크지 않다. 진심으로 학생들을 예뻐하고 학생들과 많은 시간을 보내는 교사들을 볼 때마다 '어떻게 저렇게 할 수 있을까?' 하고 감탄하는 교사다. 나는 학생들을 진심으로 사랑하지 못한다. 학생들이 내게 가까이 다가오는 것도 좋아하지 않는다. 학생들과 적당히 거리를 두고 적당한 관계를 유지하면서 별일 없이 지내고 싶어 한다. 그러다 보니 수업과 생활에서 학생들과 마음과 마음으로 연결되지 않았다. 스스로 교사보다는 강사에 가깝다고 생각해왔다.

동료 교사 사이에서도 난 조금 유별나다. 동료 교사들과 관계를 맺는 것을 좋아하지 않는다. 공적인 업무 이야기 말고는 별로 말도 없다. 사적인 이야기를 하는 것을 싫어한다. 그런데 이상하게 회의 등 공적으로 발언할 기회가 있으면 거침없이 할 말을 하는 편이다. 다른 사람이 받을지도 모를 상처 등은 별로 고려하지 않고 내가 옳다고 생각하는 바는 강하게 말한다. 그 대상이 교장, 교감 선생님이어도 거침없이 말한다. 그러다 보니 자연스럽게 학교 내에서 트러블 메이커가 되었다.

난 좋은 교사는 아니다. 하지만 좋은 교사가 되고 싶다. 지금 난 좋은 교사가 되고자 노력하고 있다. 좋은 교사가 되려는 내게 가장 큰 도움이 되는 것이 있다. 바로 그림책이다.

그림책을 통해서 내 삶을 돌아보는 기회가 생겼다. 그림책에는 인생이 담겨 있다.

산다는 게 늘 쉽지는 않습니다.
가끔은 길을 잃기도 하지요.
하지만 아무리 어렵고 힘든 시간도
언젠가는 지나갑니다.
그리고 새로운 길이 열립니다
_ 그림책 『삶』 중에서

때로는 그림책은 삶의 의미에 대해 질문을 던져주기도 했다.

좋은 하루란 어떤 하루인가요?
나에게 '우리'는 누구인가요?

세상이라는 말에,
가장 먼저 떠오르는 풍경은 어떤 건가요?
_ 그림책 『첫 번째 질문』 중에서

그림책을 통해 과거의 나를 만났고, 현재의 나를 직면하고, 미래의 나를 그려볼 수 있었다. 교사가 된 이후로 지난 10년 동안 한 번도 제대로 바라보지 않았던 나를 처음으로 제대로 들여다 볼 수 있었다. 또한 나와 더불어 살아가는 다른 이들과의 관계에 대해서도 고민해볼 수 있었다.

조망효과(overview effect)라는 말이 있다. 우주 비행사들이 우주에서 지구를 보고 난 후 일어나는 가치관의 변화를 말한다. 즉 높은 곳이나 시야가 트인 곳에서 전체를 바라볼 때 느껴지는 가치관의 변화를 뜻한다. 인류 최초의 우주 비행사인 구 소련의 유리 가가린은 우주에서 지구로 귀환한 후 이렇게 말했다.

"우리가 서로 다투기에는 지구가 너무 작다는 것을 깨달았다."

우주 비행사들은 우주에서 지구를 바라봤을 때 지구는 작지만 너무나도 아름다웠다고 한다. 그래서 자신이 속한 지구, 국가, 도시, 마을, 가정에서 일어났던 수많은 일을 이전과는 다른 눈으로 바라볼 수 있었다고 한다.

내게는 그림책이 그랬다. 우주만큼이나 드넓은 그림책의 세계에서 마음껏 놀다 보니 세상을 그리고 나를 바라보는 관점과 가치관이 변했다.

그림책을 만나고 참 많은 것이 변했다. 그림책을 통해 학생들과 소통이 되기 시작했다. 그림책을 읽고 서로의 느낌과 생각을 공유하는 과정에서 학생을 이해하게 되었다. 자연스럽게 나도 내 이야기를 하게 되었고, 그러자 학생들이 나를 이해하게 되었다. 그렇게 조금씩 학생들과 마음으로 연결되는 경험을 하게 되었다. 나에 대한 거부감, 교사에 대한 거부감으로 마음을 열지 않았던 학생들도 그림책을 통해 대화를 시도하니 마음의 문이 좀 더 쉽게 열렸다. 학생들의 마음을 접하게 되니 학생들을 예전보다는 더 사랑하게 되었다. 그림책 덕분에 이제야 조금 좋은 교사가 되어가고 있다.

무엇보다도 가장 중요한 것은 교직 생활을 돌아볼 수 있었다는 점이다. 그림책을 통해 10년이 조금 넘는 교직 생활을 돌아보니 교사로서 한없이 부족한 내가 보였다. 하지만 그 덕분에 과거의 나를 반성하고 앞으로 조금은 더 좋은 교사가 되고 싶은 마음이 생겼다.

내게 일어난 이런 변화를 다른 여러 선생님과 공유하고 싶었다. 그림책으로 변화하고 있는 나의 교사 이야기를 나누고 싶었다. 내 이야기는 나만의 이야기는 아닐 것이다. 이 시대를 살아가고 있는 교사들의 이야기일 것이다. 우리 교사들의 삶을 그림책으로 이야기하고 싶어서 이 책을 펴낸다.

한 권의 책이 세상을 바꾼다는 말, 난 믿지 않는단다.
그럼에도 난 너에게 한 권의 책 같은 사람이 되라고 그 말을 남기고 싶구나.
책이 세상을 바꿀 수 없어도 한 사람의 마음에 다정한 자국 정도는 남길 수 있지 않겠니.
내가 너란 책을 만나 생의 막바지에 가장 따뜻한 위로를 받았지.
그러니 앞으로도 누군가에게 한 권의 책이 되는 인생을 살아라.
네 안에 있는 한 줄의 진심으로 사람을 만나고 세상을 살아.
한 권의 책이 세상을 바꾸거나 누군가의 인생을 완전히 바꾸지는 못해도 좋은 책은 언젠가 꼭 누구에게나 읽히는 법이니까.
그렇게 조금씩, 조금씩 따뜻해지는 것 아니겠니.

너에게도 그런 책 같은 사람이 생기기를.
따뜻한 위안이 내리기를 기도하마.
_ 드라마 〈로맨스는 별책부록〉 중에서

학생들에게 한 권의 책 같은 사람으로 기억되고 싶다. 내 안에 있는 한 줄의 진심으로 학생들을 만나고 싶다. 학생들에게 따뜻한 위로를 전해주는 교사가 되고 싶다. 이 책을 읽는 선생님들도 한 권의 책 같은 선생님이 되기를 기원한다. 그리고 이 책이 선생님들의 마음에 '다정한 자국 정도'를 남기기를 소망한다.

그림책을 사랑하는 마음을 담아

김준호

1장

/

그림책, 나에게 말을 걸다

존재 그 자체만으로
특별하고 아름다운

웸믹이라고 불리는 작은 나무 사람들이 있다. 이들은 한 목수가 만들었지만, 각자 다른 모습을 하고 있다. 웸믹들은 서로 만날 때마다 별표나 점표를 붙이며 시간을 보낸다. 매끄럽게 잘 칠해진 웸믹, 재주가 뛰어난 웸믹, 힘이 센 웸믹, 노래를 잘 부르는 웸믹 등은 별표를 받는다. 이들은 다른 이들로부터 받은 별표들로 온몸을 치장하고 자랑스럽게 거리를 활보한다. 반면 특출한 재주가 없는 웸믹들은 항상 잿빛 점표를 받고 의기소침해한다.

잿빛 점표를 받고 속상해하는 이 중 한 명이 바로 펀치넬로다. 점표를 많이 받다 보니 집 밖으로 나가는 것조차 싫다. 그러

너는 특별하단다
맥스 루케이도 글
세르지오 마르티네즈 그림
고슴도치

면서 자신이 좋은 웸믹이 아니라고 자책을 한다. 자존감이 많이 떨어져 있다.

그러던 어느 날 펀치넬로는 루시아를 만난다. 루시아는 조금 특별하다. 웸믹들이 별표나 점표를 루시아에게 붙이지만, 곧 떨어진다. 궁금한 펀치넬로는 루시아에게 어떻게 하면 그렇게 될 수 있는지 묻는다. 루시아는 직접 대답하지 않고 웸믹들을 만든 목수 엘리 아저씨를 만나보라고 한다.

『너는 특별하단다』는 자존감이 없는 나무 사람 펀치넬로의 이야기이다. 펀치넬로는 스스로를 특별하지 않다고 생각한다. 남들보다 잘난 것도 없고 항상 부족한 존재라고 생각한다. 남들로부터 잿빛 점표만 받다 보니 더욱더 스스로를 부족한 존재라고 여기며 고통 속에서 살고 있다. 하지만 우리 모두는 특별하다. 각자는 세상에서 하나뿐인 특별한 존재다. 펀치넬로는 이 사실을 모른 채로 지내고 있다.

대부분의 교사도 그렇다. 자신이 얼마나 위대하고 특별한 존재인지 모른 채로 살고 있다. 특출한 능력이 있거나 남들과는 다른 무언가를 가진 사람만이 특별한 존재인 것은 아니다. 나 또한 이 사실을 한동안 모른 채로 살았다. 스스로를 지극히 평범한 사람이라고 여기면서.

나는 줄곧 시골에서 자랐다. 그런 내가 처음으로 시골을 벗어나 입학 면접시험을 보려고 대학교를 방문했을 때의 기억은 아직도 생생하다. 대학교로 가는 길에 있는 모든 것이 크고 화려했다. 고등학교와 비교할 수 없는 규모의 대학 시설에도 압도되었다. 면접을 보러 온 다른 학생들은 모두 세련되고 멋있어 보였다. 면접 순서를 기다리는 내내 심장이 쿵쿵거렸다. '이 대학교를 정말 다니고 싶은데, 내가 이런 학교에 다닐 자격이 있나?'라는 생각이 들어 더욱 떨렸다. 마침내 내 차례가 되었고 면접관에게 첫 질문을 받았다.

"자신이 어떤 사람인가요?"

난 긴장한 것에 비해 떨지 않고 차분하게 바로 대답을 했다.

"평범한 가정에서 부모님의 사랑을 받고 자랐습니다. 남들과 비슷하게 평범한 학교생활을 했습니다. 신체적으로 큰 이상이 없으며, 정신적으로도 일반적으로 생각하고 행동하는 대한민국 청소년입니다."

난 내 대답에 매우 만족했다. 망설임 없이 대답을 잘했다는 점 그리고 사람들 사이에서 튀지 않고 평범하다는 것을 어필함으로써 대학 생활을 무리 없이 할 수 있음을 면접관에게 잘 전달했다고 생각했다. 대학교에 합격하고, 이후 한동안 나 자신이 모나지 않고 남들과 비슷하다는 것을 다행으로 여기며 살았다. 주위를 보면 남들과 다른 면이 있는 친구들은 조금은 힘든 삶을 사는 것 같았다. 그때 난 나의 특별하지 않음에 감사했다.

그런데 시간이 지나면서 남들과 비슷하다는 사실이 나를 힘들게 했다. 남들과 다르지 않다는 것은 달리 말하면, 내가 속한 공동체에서 나란 사람은 없어도 그만인 사람이라는 것이다. 언제든지 다른 사람으로 대체 가능한 존재, 그런 존재가 바로 나였다. 내가 좋아하거나 할 줄 아는 것들은 남들도 다 잘했다. 남들과 다른 점이 하나도 없는, 특별히 잘하는 점이 하나도 없는 존재로 지냈다.

교사가 되고서도 상황은 비슷했다. 다른 교사들은 운동 실력이 뛰어나거나, 영어 회화를 잘하거나, 악기를 잘 다루는 등 자기만의 특기가 하나씩 있었다. 남들이 하지 않는 무언가가 있다는 사실이 그들을 빛나게 했다. 대화를 할 때도 남들이 잘 모르는 분야에 관해 설명해주는 모습이 부러웠다. 반면에 난 특출한 장점이 없으니 교사들과 학생들로부터 어떠한 관심도 받지 못했다. 그렇게 있으나 마나 한 일원으로 지냈다.

이런 생활이 계속되면서 자존감이 많이 떨어졌다. 있어도 그만, 없어도 그만인 나 자신이 싫었다. 세상에서 나란 존재 하나쯤 없어져도 달라질 것은 아무것도 없는 것 같았다. '나는 왜 세상에 내던져졌을까?' 아무리 고민해도 답을 구하기 쉽지 않았다. 그야말로 자존감이 땅에 떨어진 시기였다. 모든 일에 소극적이게 되고 어떤 일도 잘 해낼 자신이 없었다. 내게 주어지는 일들이 무겁게 느껴졌다. 두려웠다. 숨고 싶었다.

펀치넬로도 나와 같은 마음일 것이다. 잘난 것이 하나도 없다는 사실에 펀치넬로는 힘들어한다. 자신을 제외한 모든 이들은 각자 나름대로 특별한 능력이 있어 보인다. 펀치넬로는 '왜 나만 이렇게 못났을까?' 하는 생각으로 가득 차 있다. 하루하루 지내는 게 힘들다. 뭐 하나라도 잘난 것이 있다면 그 하나만으로도 큰 힘을 얻을 수 있을 텐데. 그 하나에 의지하면서 세상을 살아갈 텐데. 이런 마음이다. 펀치넬로도 나도.

남들보다 특별하고 뛰어난 점이 없다고 생각하며 고통 속에 있는 나와 펀치넬로에게 '그럴 필요 없어. 너 또한 특별한 존재야'라고 위로해주는 그림책이 있다. 바로 『네가 태어난 날엔 곰도 춤을 추었지』이다. 이 그림책은 이렇게 시작한다.

네가 태어난 그날 밤,
달은 깜짝 놀라며 웃었어.
별들은 살그머니 들여다봤고
밤바람은 이렇게 속삭였지.
"이렇게 어여쁜 아기는 처음 봐!"

정말이지. 지금껏 이 세상 어디에도
너같이 어여쁜 아이는 없었단다.

그러면서 마지막에 "지금껏 어떤 이야기나 노래에서도 (아주 오랜 옛날이야기에서도) 너처럼 어여쁜 아이는 나온 적이 없었단다. 앞으로도 영원히 너처럼 어여쁜 아이는 이 세상에 없을 거야…" 라고 말해준다. 나는 눈을 감고 부모님이 내게 해주는 말이라고 상상하며 부모님의 목소리를 떠올렸다. 부모님이 말하는 것으로 생각하며 들었더니 정말 세상에서 가장 어여쁜 아이가 된 듯했다. 부모님은 내가 태어난 날에는 세상 모든 존재가 나의 탄생을 축복해주었고 나처럼 어여쁜 아이는 없었다고 해주었다. 나 같은 존재는 세상 어디에서 없을 거라면서.

『네가 태어난 날에 곰도 춤을 추었지』에서 부모님은 내가 뛰어난 능력이 있기 때문에 특별하다고 여긴 것이 아니다. 단지 내가 세상에 태어났다는 사실만으로 세상에서 가장 예쁜 아이라고 해준다. 내가 가진 능력이 남들보다 뛰어난지 아닌지는 중요하지 않다. 존재 자체만으로 아름답다고 해준다.

자신을 만든 엘리 아저씨를 찾아간 펀치넬로는 어떤 말을 들었을까? 네가 태어난 날 세상 모든 존재가 축하해주었다는 말을 들었을까? 북극곰도 축하의 춤을 추었다는 말을 들었을까?

엘리 아저씨는 펀치넬로에게 남들이 어떻게 생각하느냐보다

네가 태어난 날엔 곰도 춤을 추었지
낸시 틸먼 글·그림, 내인생의책

스스로 자신을 어떻게 생각하는지가 중요하다고, 펀치넬로는 아주 특별한 존재라고 말한다.

펀치넬로를 만든 엘리 아저씨도 부모의 마음일 것이다. 부모가 자녀를 바라보는 마음이었을 것이다. 존재 그 자체만으로 아름다운…. 펀치넬로도 그렇게 위안을 받는다. 늘 자신이 부족하다고 생각해왔는데 그렇지 않다고 말해주는 엘리 아저씨 덕분에 이제 자신 있게 세상을 살아갈 수 있게 된다.

살아 있는 것은 아름답다
아무리 작은 것이라고 할지라도 살아 있는 것은
아름답다
모든 들풀과 꽃잎들과 진흙 속에 숨어사는
것들이라고 할지라도,
그것들은 살아 있기 때문에 아름답고 신비하다
바람도 없는 어느 한 여름날,
하늘을 가리우는 숲 그늘에 앉아보라
누구든지 나무들의 깊은 숨소리와 함께
무수한 초록잎들이 쉬지 않고 소곤거리는 소리를
들을 것이다
이미 지나간 시간이 아니라 이 순간에,

서 있거나 움직이거나 상관없이 살아 있는 것은
아름답다
오직 하나, 살아 있다는 이유만으로
그것들은 무엇이나 눈물겹게 아름답다
_ 양성우, '살아 있는 것은 아름답다'

그렇다. 우리는 모두 세상에 태어난 그 자체만으로 충분히 아름다운 존재다. 이 세상 어디에도 없는 어여쁜 사람이다. 세상 모든 존재의 축복을 받고 태어난 소중한 존재다. 살아 있다는 이유만으로 눈물겹게 아름다운 존재다. 난 다른 누구로도 대체될 수 없다. 세상 다른 누구도 나와 같을 수는 없다. 난 특별한 존재다. 내가 가진 능력이나 재능 때문이 아니라 존재 자체만으로도 난 특별하다.

교사들은 자신의 특별함에 대해 인식하지 못하고 있는 경우가 많다. 교사들은 스스로 돋보여서는 안 된다고 생각한다. 교사는 학생을 돋보이게 해야 하는 존재라고 생각한다. 맞는 말이다. 교사는 학생들이 스스로 빛낼 수 있도록 곁에서 도와주는 역할을 해야 한다. 마치 영화에서 주인공을 빛내주는 조연처럼.

하지만 조연이 빛이 나지 않고는 주인공도 빛나지 않는 법이다. 주인공이 빛을 내려면 그에 못지않게 조연도 빛이 나야 한다. 그래야 서로 그 빛을 받아 가며 더욱더 빛을 발한다. 교사와 학생 사이도 마찬가지다. 학생 스스로는 빛날 수 없다. 스스로 빛을 내는 교사가 존재해야 학생들이 빛날 수 있다. 교사는 돋보이고 빛나는 존재여야 한다.

교사가 자신을 빛이 나는 특별한 존재로 여겨야 학생들을 특별한 존재로 대할 수 있다. 자신의 소중함을 알아야 학생을 소중하게 대할 수 있다. 학교에는 수많은 학생이 있다. 개성이 뚜렷하거나 특출한 능력이 있지 않으면 잘 기억되지 않는다. 나도 내가 담당하는 수업의 200명 넘는 학생 모두를 기억하지는 못한다. 평범한 학생들은 관심과 사랑을 잘 받지 못하는 것이 사실이다. 교사들의 관심은 문제를 일으키는 학생과 반장, 부반장 등 학급을 이끌어가는 학생들에게 주로 가 있다. 교사들의 관심을 받지 못하는 학생들은 스스로를 남들에 비해 특출하지 않은 평범한 학생으로 여기게 된다.

교사는 단지 학생을 만나는 것이 아니다. 학생이 살아가고 있는 삶의 세계와 만난다. 학생들은 각자 자신의 세계에서 주인공이다. 학생들이 살아가고 있는 세계는 모두 다르다. 학생들이 살아가고 있는 세계는 그 자체로 특별하다.

자신이 특별한 존재라는 것을 잊지 말자. 모든 학생은 각자의 세계에서 주인공임을 잊지 말자. 우리는 모두 "단지, 나라는 이 유만으로 특별하다."

너는 단지 너라는 이유만으로
특별하단다

나답게 사는 행복

　그림책 작가 유설화는 미술을 전공하고 싶어 다니던 대학을 그만두고 늦은 나이에 시험을 보고 대학교에 다시 들어갔다. 좋아하는 그림을 그릴 수 있게 되어 한없이 기뻤지만, 마냥 행복하지는 않았다. 열심히 노력해서 목표를 이루고 나니 공허한 기분도 들었다. 열심히 노력해서 원하는 목표를 이루고 난 다음에는 뭐가 있을까? 고민하고 있을 때 이솝우화 토끼와 거북이가 떠올랐다. '토끼를 이긴 거북이는 행복했을까?'에 대해 생각하게 되었고, 이를 모티프로 책을 썼다. 어느 날 우연히, 바로 그 책 『슈퍼 거북』을 만났다.

슈퍼 거북
유설화 글 · 그림
책읽는곰

'빠르게 살자!'는 문구가 적힌 머리띠를 질끈 묶고 있는 거북이의 눈빛을 보면 빠르게 살고자 하는 의지가 보인다. 제목 옆에 반짝반짝 빛나는 별이 보인다. 슈퍼맨, 슈퍼우먼, 슈퍼스타처럼 슈퍼 거북이 영웅과 같은 존재임을 알 수 있다. 표지를 넘겨서 면지를 보면 이솝우화 토끼와 거북이 이야기가 나온다. 토끼의 방심으로 경주에서 승리한 거북이를 인터뷰하려는 여우 기자와 카메라맨까지 등장한다. 트로피를 들고서 너무나도 행복하게 웃고 있는 거북이는 너무나 기쁜 나머지 폴짝폴짝 뛰고 있다. 정말 행복해 보인다. 거북이를 보면서 '내가 저렇게 행복했던 적이 언제였지?' 하고 자문해본다.

경주에 이긴 거북이 꾸물이는 스타가 된다. 승리 축하 카퍼레이드 행사에 꾸물이를 보려고 많은 동물이 모여든다. '슈퍼 거북 만세', '슈퍼♥거북', '우리의 영웅'이라고 적힌 현수막을 들고 환호한다. 그 환호를 받으며 꾸물이는 한껏 기뻐한다. 그 후, 온 도시에 '슈퍼 거북' 바람이 분다. '거북당 빵집', '거북 안경', '거북 극장', '거북이 분식' 등 곳곳에 '거북'이라는 이름이 등장한다. 또한, 동물들은 거북 등껍질을 구입해 거북이처럼 등에 지고 다니며 꾸물이를 따라 한다. 거북이 꾸물이는 대단한 인기를 얻게 된다.

하루는 꾸물이가 평소처럼 천천히 길을 건너는데 동물들이 수군거린다. "슈퍼 거북이 저렇게 느릴 리가 없어. 슈퍼 거북이 아닐 거야." 동물들의 수군거림을 들은 꾸물이는 동물들을 실망시키기 싫어서 진짜 슈퍼 거북이 되기로 결심한다. 도서관으로 달려가 빨라지는 방법이 나온 책을 읽고, 샤워할 때나 밥 먹을 때도 쉬지 않고 달리기 연습을 한다. 며칠이 지나자 조금 빨라진 기분이 든다. 날마다 빨라지려고 노력하자 점점 더 빨라진다. 그 결과 기차보다, 비행기보다 더 빠르게 된다. 진짜 슈퍼 거북이 된 것이다.

그런데 끊임없이 연습을 하던 꾸물이는 점점 지쳐갔다. 하루

만이라도 푹 쉬고 싶었다. 주위를 의식하지 않고 예전처럼 천천히 걷고 싶었다. 아침마다 거울에 비친 자신의 모습을 보고 놀라곤 했다. 한 천년은 늙어 버린 것 같다고 느낀다.

눈은 퀭하고 얼굴은 반쪽이 되었다. 거울에 붙여둔 '계단 오르기 할 때는 최대한 빠르게', '절대로 쉬지 말자', '처음 5바퀴는 조금 빠르게 나머지는 전속력!' 등의 다짐들이 꾸물이를 짓누른다. 진짜 슈퍼 거북이 되었지만, 꾸물이는 행복하지 않았다.

그러던 어느 날, 토끼가 경주를 제안한다. 꾸물이는 경주의 'ㄱ'자도 듣기 싫었다. 하지만 다른 동물들이 토끼와 거북이가 경주를 한다고 떠들어댔고 소문은 온 도시로 퍼져 나간다. 꾸물이는 어쩔 수 없이 경주를 하게 된다. 꾸물이는 경주 걱정에 잠을 자지도 못한 채 시합 날이 다가온다. 경주가 시작되자 꾸물이는 바람처럼 달려 나간다. 진짜 슈퍼 거북이 되었으니 토끼를 훨씬 앞질러 달린다. 한참을 달리다 뒤를 돌아보니 토끼가 보이지 않았다. 꾸물이는 잠시 쉬어 가기로 한다. 그런데 그만 잠이 들었고 꾸물이가 눈을 떴을 때는 토끼는 이미 결승점을 통과했고 모두 토끼의 승리를 축하하느라 꾸물이는 안중에도 없었다. 동물들이 '토끼 만세', '새로운 영웅 탄생', '슈퍼 토끼'라는 현수막을 들고 토끼를 향해 환호한다. 그 모습을 보고 꾸물이는 터덜터

덜 집으로 돌아간다.

경주에서 진 꾸물이, 자신에게 향했던 환호가 토끼에게로 넘어가 자신을 쳐다보지도 않는 주변 동물들로 인해 고통스러워할 것 같다. 그런데 여기서 반전이 일어난다. 꾸물이는 아주 오랜만에 단잠에 빠져든다. 정말 행복해 보이는 미소와 함께.

경쟁에서 지고도 행복한 꾸물이. 무엇이 꾸물이를 행복하게 했을까? 아마도 이제는 억지로 무엇을 하지 않고 꾸물이답게 살 수 있을 거라는 생각 때문일 것이다. 이제 더 이상 주변 동물들을 의식해서 슈퍼 거북으로 살 필요가 없다. 여유롭게 차도 마시고 화단에서 꽃을 가꾸기도 하고 물놀이도 하고 때로는 낮잠도 즐길 수 있을 것이라는 기대감 때문이다. 이제 꾸물이는 남들의 기대에 맞춰 살 필요가 없다. 꾸물이는 꾸물이답게 살아갈 것이다. 꾸물이는 이전보다 편하고 행복한 삶을 살아갈 것이다. 참 다행스러운 일이다.

그림과 스토리가 재미있어서 읽기 참 편하다고 생각하고 있었는데, 마지막 장면에서 뭔지 모를 뜨거운 감정이 올라왔다. 경주에서 진 꾸물이가 힘들어할 줄 알았는데 오히려 편안히 단잠에 빠져든 모습이 왜 그리 내게 강한 감동을 주었는지 이상했다.

'왜 이 장면일까? 왜 이 장면이 내게 다가왔지?' 많은 시간을 두고 생각해보았다. 마지막 장면에서 큰 감동을 느낀 그 이유는 꾸물이를 통해서 나를 돌아볼 수 있었기 때문이었다. 꾸물이도 여태 자기 본연의 모습으로 살지 못했다. 그 모습이 나와 닮아 있었다. 나도 지금까지 내 본연의 모습으로 살지 못했다. 누군가가 바라는 대로 살기에 급급했다. 나답게 살지 못했다.

꾸물이는 내게 "자, 봐. 난 나답게 살기로 결심했어, 너도 너답게 살아가면 좋겠어"라고 말해주는 듯했다. 『슈퍼 거북』은 내게 첫사랑 같은 책이다. 『슈퍼 거북』을 만나기 전에 그림책을 활용해서 수업을 몇 번 하기도 했지만, 큰 감흥은 없었다. 그림책이 그리 재미있지 않았다. 그림책의 묘미를 잘 모르던 시기에 만난 『슈퍼 거북』으로 그림책에 빠지게 되었다. 이후 정말 좋고 감동적인 그림책을 많이 만났지만, 『슈퍼 거북』을 처음 읽을 때만큼 강렬하게 다가온 그림책은 없었다.

꾸물이처럼 '나답게 살자'고 마음속으로 다짐했다. 누군가의 내가 아닌 있는 그대로의 내 모습으로 살겠다고 마음먹었다. 그런데 문제가 있었다. 어떻게 살아야 나답게 사는 것인지 알지 못했다. 나답게 산다는 것은 어떤 의미일까? 아무리 생각해봐도 명확해지지 않았다.

진짜 곰
송희진 글·그림
뜨인돌어린이

곰은 매일 밤 많은 사람을 위해 곡예를 부린다. 그러던 어느 날 곡예를 보던 한 아이가 진짜 곰은 저런 것을 할 수 없다며 크게 소리친다. 쇼가 끝나고 서커스 단장이 곰에게 "넌 춤추는 것을 좋아하고 공놀이도 좋아하는 진짜 곰이다. 철장 안에서 사는 것이 진짜 곰이다"라고 말한다. 하지만 곰은 그날 밤 아이가 한 말에 대해 곰곰이 생각한다. 자신이 진짜 곰이 맞는지에 대해. 곰은 진짜 곰을 찾으러 떠난다. 진짜 곰을 찾는 여정에서 여러 곰을 만나지만, 진짜 곰을 만나지는 못한다. 서커스 단장이 곰을 데리러 왔고 곰은 다시 서커스단으로 돌아간다. 서커스단으로 돌아가던 길에서 곰은 콧등에 내려앉은 나뭇잎 냄새를 맡으

서커스단으로 돌아가는 길,
바람을 타고 나뭇잎이 날아와 내 콧등에 앉았
그런데 그 순간,
아주 향긋한 냄새가 났어.
'아……!'
예전에는 한 번도 느껴 보지 못했던 기분이었

며 편안함과 행복감을 느낀다. 평소 느껴보지 못한 기분을 느끼며 지금까지와는 다른 자신을 알아간다.

서커스단으로 돌아간 곰은 예전처럼 곡예를 부리지 못한다. 결국 서커스단에서 쫓겨나고 어디로 가야 할지 몰라 방황하던 그 순간 서커스단으로 돌아가던 길에 맡았던 나뭇잎 냄새가 났다. 그 냄새를 따라 무작정 거닐었다. 냄새를 따라 걸어간 곳에는 거대한 진짜 숲이 있었다. 숲속으로 천천히 들어간 곰은 동굴 속으로 들어가고 편안하게 잠을 잔다. 곡예를 부리던 곰은 이제 자연 속의 곰으로 살게 된다. 아마도 진짜 곰이 된 듯하다. 서커스단에서 곡예를 하던 곰과 숲속 동굴에서 잠을 자던 곰은 다른 곰일까? 곰이 곰답다는 것은 어떤 것일까?

내가 나답게 산다는 것은 어떤 것일까? 나답게 살기 위해서 어떻게 해야 할까? 답은 의외로 간단하다. 내가 나답게 살기 위해서는 나를 알면 된다. 내가 알고 있는 나답게 살면 된다. 그런데 나를 제대로 아는 것은 생각보다 쉽지 않다. 내가 나를 알기 위해서는 어떻게 해야 할까? 자신이 좋아하는 것은 무엇이고, 싫어하는 것, 관심 있는 것, 느끼는 것 등에 대해서 솔직하게 직면할 수 있어야 한다.

심리검사를 공부하는 동료 선생님이 얼마 전 내게 성격심리검사를 해보자고 했다. 자신이 공부하는데 실습 대상이 필요하다고 했다. 나를 좀 더 알고 싶은 마음도 있다고 해서 친한 동료 선생님이라서 선뜻 응했다. 사실 난 심리검사를 싫어한다. 문제에 답을 하고 그 답으로 어떤 사람인지 분석해서 사람을 도전형, 소심형 등으로 분류하는 것이 이상하다고 생각하기 때문이다. 검사지에는 '외향적이며 사교성이 풍부하다', '냉담하고 쌀쌀하기도 하다', '어떤 것에 한 번 관심을 가지면 모든 정보를 탐색한다' 등 여러 질문이 있었다. 이런 간단한 질문에 답을 하기 어려웠다. 내가 나를 잘 몰라 답을 하기 어려웠다. 난 외향적이며 사교성이 풍부할 때도 있고 안 그럴 때도 있는데, 어느 모습이 진짜 내 모습인지 확신이 서지 않았다. 30개의 질문에 답하는 데 한참이나 걸렸다. 도저히 판단이 잘 서지 않는 질문에는 가식적으로 답하기도 했다.

검사가 끝나고 동료 선생님이 결과를 알려줬다. 난 '에이전트(Agent)'의 성향으로 'Self'를 추구한다고 했다. 맡은 과제를 완수했을 때 존재감을 느끼며, 대부분의 일을 과제로 생각한다. 심지어 인간관계까지도. 과제를 완수하기 위해 분석적이고, 계획적이고, 철저하다. 일이 마무리가 안 되면 불안하고 무언가를 하다 중간에 멈추는 일은 불편하다. 대신 맡은 일로 인정받는 경우는 많다. 맡은 일이 익숙해지면, 자기만의 방식이 생긴다. 다른 사람들보다 배는 빠르고, 정확하게 일을 해내는 유형이라고 설명해줬다.

사실 내가 심리유형검사를 싫어하는 진짜 이유는 나를 직면하기 싫어서이다. 진짜 나를 직면하는 것이 싫다. 현재의 나에 대해 만족하지 못하기 때문이다. 부족한 점이 너무 많은 나를 직면하기 싫다. 내가 나를 직면하면 나 자신에게 더 실망할까 봐. 나를 미워하게 될까 봐 두렵다. 그래서 나를 멋있게 포장하기 급급했다. 내게 주어진 역할 속에 나를 가둬두고 내 본 모습을 숨기기 급급했다.

성격심리검사 결과를 듣는데 많이 놀랐다. 실제 나와 비슷했기 때문이다. 몇 개의 질문에 가식적으로 답을 하면서 아무리 감추려고 해도 결과는 나를 그대로 보여주었다. 검사 결과를 통해 나를 직면하게 되었다. 나를 직면하니 불편했다. 인간적이지 않은 내 모습이 적나라하게 드러났기 때문에 결과를 듣기 싫었다. 하지만 결과를 다 듣고 나니 후련한 마음도 들었다. 그동안 감춰왔던 내가 까발려진 느낌이었지만, 아주 오랜만에 진짜 나를, 있는 그대로의 나를 직면한 것이 나쁘지만은 않았다.

교사는 자신을 돌보기보다 학생들을 먼저 돌보는 데 익숙하다. 교사는 매일 가정의 문제로 상처를 입은 학생, 학생들 사이에서 소외되어 고통을 받고 있는 학생 등을 마주한다. 자신이 힘든 것은 살피지 못한 채, 학생들의 당면한 문제를 해결하기 위해 최선의 노력을 기울인다.

교사는 학교에서 '나'가 없다. 내 의견, 내 감정이 표현되고 반영될 기회가 없다. 관리자의 지시를 따라야 하고 학생들의 요구를 받아들여야 하는 샌드위치 자리에서 힘들어한다. 내 의견, 내 감정을 표현하면 교사답지 못하다는 말을 듣기도 한다. 교사는 힘들어도 안 된다. 학생들을 교육하면서 힘들다고 하면 교사답지 못하다는 말을 듣기도 한다. 교사는 자신을 드러내지 않고 살아간다. 이런 상황에서 교사들이 '나답게 산다'는 의미를 찾을 수 있을까?

교사로서 헌신하는 삶도 중요하다. 하지만 그 이전에 나부터 챙기자. 내가 우선이다. 내가 힘들고 지쳐 쓰러져 가는데, 학생을 돌볼 수 있겠는가? 언제까지 관리자와 학부모의 요구에 일일이 신경 쓰고 맞춰가면서 생활할 것인가? 때로는 다른 고민하지 말고 내가 원하는 대로, 나답게 살아보자. 교사인 내가 나답게 살 때 학생 개개인이 나답게 살 수 있도록 가르칠 수 있다. 내가 나다울 때 학생을 바라보는 관점이 달라진다. 학생 개개인을 있는 그대로 볼 수 있게 된다. 그래야만 학생들이 사회가 요구하는, 많은 사람이 정답이라는 길을 걸어가려고 할 때 멈추라고, 너 자신에 대해 생각해보라고, 너만의 길을 가보라고 말해줄 수 있다.

이제 나를 직면하고자 한다. 나 자신을 직면하고 나를 제대로 알고 나답게 살아가고자 한다. 꾸물이가 계속 빠르게 달렸다면 행복했을까? '나 답게 사는 것' 그것이 행복이라는 사실을 잊지 말자.

나를 알고
사랑하기

    그림책 『중요한 사실』은 선물과도 같은 책이다. 표지에 포장된 선물상자가 보인다. 이 속에는 무엇이 들어 있을까? 이 그림책을 통해서 내가 받게 될 선물은 무엇일까? 제목이 '중요한 사실'인 걸 보면, 선물상자에는 '중요한 사실'이 들어 있을까? 과연 중요한 사실은 무엇일까? 궁금증이 생긴다. 이 책의 작가 마거릿 와이즈 브라운은 자신을 이렇게 소개한다.

    "글쓴이 마거릿 와이즈 브라운에 관한 중요한 사실은 그가 언제나 어린이의 눈으로 세상을 바라보았다는 것이다. 그는 어린이들이 무엇을 중요하게 생각하는지, 어떤 고민을 하는지 함께

중요한 사실
마거릿 와이즈 브라운 글
최재은 그림
보림

이야기하기를 좋아했다. 아침에 일어나자마자 지난밤 꿈을 글로 옮길 만큼 언제나 글을 썼고, 특히 운율 있는 글을 즐겨 썼다. 작품으로는 『별이 좋아』, 『벌레가 좋아』, 『작은 기차』, 『잘 자요 달님』 들이 있으며, 『모두 잠이 들어요』는 칼데콧 상을 받았다. 하지만 그에 관한 중요한 사실은 그가 어린이의 눈으로 세상을 바라보며 어린이들에게 사랑받는 이야기를 썼다는 것이다."

『중요한 사실』은 여러 대상에 대해 정의 내린다. 숟가락, 데이지, 비, 풀, 눈, 사과, 바람, 하늘, 신발에 대해서 각각의 특성과 함께 각 대상의 가장 중요한 사실이 무엇인지 설명한다. 마지막

페이지에서 "너에 관한 중요한 사실은 너는 바로 너라는 거야"라는 메시지와 함께 그림책 속에 거울을 설치해 놓아서 자신의 얼굴을 마주할 수 있게 한다. 나에 관한 중요한 사실은 '나는 바로 나'라는 것을 일깨워주면서 거울로 자신을 들여다보고 생각해보게 한다.

『중요한 사실』은 있는 그대로의 나를 바라볼 수 있게 해주었다. 나를 있는 그대로 보고 나니 '난 어떤 사람일까? 나에 관한 중요한 사실은 무엇일까?'라는 의문이 더 생겼다. 내가 나를 알아야 좀 더 나은 삶을 살아갈 수 있을 것 같았다. 내가 나를 알아야 학생들을 이해할 수 있을 것 같았다.

나를 제대로 알기 위해서 나를 가리고 있는 가면을 벗기로 했다. 나 자신에게 좀 더 솔직해지기로 했다. 내가 누구인지 알고 싶었다. 난 무엇이든지 해야만 했다. 나를 제대로 알기 위해서 무엇을 해야 할까? 어디서부터 시작해야 할까? 고민 끝에 내가 제일 먼저 해야 하는 것을 결정했다.

그건 바로 내 마음을 들여다보는 것이다. 그동안 난 나를 포장하며 살아왔다. 다른 사람들에게 어떻게 보일까 신경 쓰면서 슬퍼도 슬프다고 하지 않고 기뻐도 기쁘다고 하지 않았다. 많은 일로 인해 내 마음이 상처를 받고 있는데도 내 마음을 외면한 채 살아왔다. 더 이상 내 마음을 외면하다가는 나 자신을 잃어버릴 것 같았다. 내 마음에 솔직해지기로 했다. 내 마음이 움직이는 대로, 느끼는 대로….

마음을 아는 것은 쉽지 않다. 마음은 눈에 보이지 않는다. 마음을 제대로 알려면 조용한 가운데 내 마음에 집중을 해야 한다. 때때로 변하는 상황에서 내 마음은 어떤지, 어떨 때 내 마음이 고요하고 또 복잡한지 살펴야 한다. 이런 상황에서 마음을 들여다보기 좋은 그림책을 만났다. 바로 그림책 『마음의 집』이다.

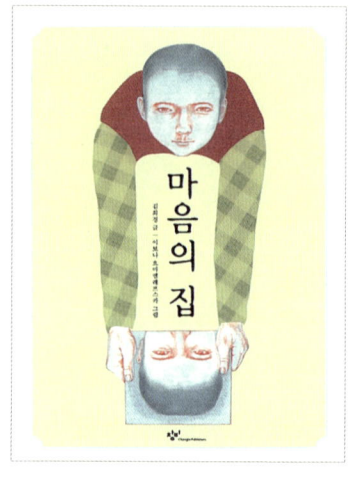

마음의 집
김희경 글
이보나 흐미엘레프스카 그림
창비

마음은 말이 별로 없는 엄마, 막 태어난 아기, 눈이 보이지 않는 장애인 등 누구에게나 있다. 마음은 수시로 변한다. 같은 고양이를 보더라도 어느 날은 즐겁다가도 또 어느 날은 슬프다. 내 마음을 알아차리기 어렵다. 『마음의 집』을 통해 내 마음을 들여다봤다.

마음은 우리가 살고 있는 집과 같아.
큰 집에 사는 욕심쟁이
평생 한집에만 사는 고집쟁이
매일매일 집 모양을 바꾸는 변덕쟁이처럼

내 마음은 욕심쟁이일까? 고집쟁이일까? 변덕쟁이일까?
난 고집쟁이다. 익숙한 내 집에 머물기를 좋아한다. 모험과 도전으로 인한 변화는 두렵다. 익숙한 공간, 환경에서 안정감을 느끼는 것이 좋다. 변덕스럽게 변하는 것도 싫다.

마음의 집은 모양도 크기도 다 달라.
백 사람이면 백 개의 집이 생기지.
마음의 집에는 문이 있어.
어떤 사람은 문을 아주 조금만 열고
어떤 사람은 활짝 열어 두지.

문을 아예 닫고 사는 사람도 있단다.

내 마음의 문은 얼마나 열려 있을까?
난 마음의 문을 닫고 산다. 누군가가 내 마음에 들어오는 것이 싫어서 가족에게만 열어 둔다. 그러면서도 마음의 문을 활짝 열어둔 사람을 부러워한다. 이런 내 마음을 들키면 창피할까 봐, 나 자신이 초라할까 봐 난 스스로 마음의 문을 닫고 산다고 일부러 떠들며 다닌다.

마음의 집에는 방도 있어.
어떤 방은 넓어서 많은 사람들이 왔다 갔다 하고
어떤 방은 좁아서 겨우 자기만 들어갈 수 있지.

내 마음의 방은 얼마나 넓을까?
내 마음의 방은 대개 나 혼자 들어갈 정도의 크기다. 그 방에서 나와 대화한다. 물론 다른 사람들이 왔다 갔다 하는 방도 있다. 하지만 다른 사람들이 다니는 방은 크기가 아주 작다. 좁은 방에 여러 명이 들어오려고 하다 보니 서로 부딪치고 상처가 난다. 사람들은 내 방에 들어오는 것을 포기하고 만다.

마음의 집에는 계단도 있어.

친구와 다투면 10계단
엄마한테 혼나면 100계단
더 힘든 일을 만나면 1000계단
아무리 올라가도
끝이 안 보이는 계단도 있지.

내 마음의 계단은 얼마나 될까?
지금 난 끝이 안 보이는 계단을 걷고 있다. 교사로서 학생들을 만나기가 쉽지 않다. 수업도 학급운영도 두렵다. 학교에서 매일 마음의 계단을 오르느라 지쳤다.

마음의 집에는 부엌도 있단다.
어떤 사람은 자기 마음을 멋지게 요리해서
다른 사람에게 주지만
요리가 영 서툰 사람도 있어.

난 내 마음을 멋지게 요리할 수 있을까?
난 내 마음을 멋지게 요리하는 데 서툴다. 요리를 잘하기 위한 마음의 재료가 부족하다. 게다가 요리의 맛을 잘 느끼지 못한다. 남들과 느끼는 맛의 기준이 다르다. 남들은 맵고 짜다는데 난 잘 느끼지 못한다. 설령 어쩌다 요리를 하더라도 남들에게 선

보이지 않는다. 남들에게 요리를 선보이는 것은 많은 용기가 필요한데 자신감도 부족하다.

> 마음의 집에는 화장실이 있어.
> 친구가 미워질 때
> 질투하는 마음이 생길 때
> 잘난 척하고 싶을 때
> 싸우고 싶을 땐
> 변기 손잡이를 꾹 누르렴.

내 마음에도 화장실이 있을까?
내 마음에도 화장실이 있다. 참 다행이다. 학생들이 미워질 때, 미워지는 것뿐만 아니라 그래서는 안 되지만 가끔 때려주고 싶은 마음이 들 때, 잘나가는 동료 교사들에게 질투하는 마음이 생길 때, 나의 잘난 점을 남들에게 뽐내고 싶을 때, 변기 손잡이를 누를 수 있어서 다행이다. 안 좋은 마음을 모두 버릴 수 있어서 참 다행이다.

그런데,
마음의 집은 가끔 주인이 바뀌곤 한단다.
어떤 날은 불안이

어떤 날은 초조가
어떤 날은 걱정이 네 마음의 집을 다스리지.

내 마음의 주인은 누구일까?
요즘 내 마음의 집 주인은 '걱정'이다. 건강이 좋지 않아 늘 신경 쓰인다. 또한, 내 미래에 대한 걱정, 자녀에 대한 걱정, 수업에 대한 걱정, 학급 아이들 관계 문제에 대한 걱정 등이 넘친다. 주인이 바뀌면 좋겠는데 걱정이 한참 동안 내 마음의 집 주인 행세를 한다.

네 마음의 집이 잘 보이지 않을 때
스러져 갈 때
마음의 방에 혼자 있을 때
창밖으로 비가 올 때라도
걱정하지 마.
이 세상에는 다른 마음들이 아주 많거든. 그 마음들이 네 마음을 도와줄 거야.

내 마음이 힘들 때 내 마음을 손잡아줄 다른 마음이 있다. 그 마음들이 날 도와준다고 생각하니 큰 위로가 된다. 내 마음은 뻥 뚫릴 수 있지만, 뻥 뚫린 마음을 위로해줄 누군가의 마음이 있

다. 내 마음을 위로받을 수 있다고 생각하니 내 마음의 주인인 걱정이 조금씩 물러난다.

그동안 귀찮아서, 두려워서, 비참해질까 봐 들여다 보지 못한 내 마음을 만나고 나니 편안했다. 내 마음이 편안한지, 불안한지, 수많은 계단을 올라가야 하는지 등을 살펴보다 보니 있는 그대로의 나를 만나게 되었다. 그 덕분에 남들에게 좋은 모습을 보여주기 위해 가면을 쓰고 있는 내가 아니라 있는 그대로의 나를 이해하게 되었다.

정신과 전문의이자 『당신이 옳다』의 저자인 정혜신은 다음과 같이 말한다.

나의 본질은 감정이다. 부모의 생각이나 책 등에서 본 가치관 또는 스승의 신념 등이 내 것이라고 오해할 때가 있다. 하지만 온전히 내 것이며 가장 나다운 나의 본질은 감정이다. 내 감정과 느낌은 항상 옳다.

맞다. 내 감정과 느낌은 항상 옳다. 그런데 내 감정과 느낌이 정답이 아닐까 봐, 나보다 힘든 사람들이 느끼는 감정만이 정답일까 봐 그동안 내 감정과 느낌을 소홀히 해왔다. 난 나일뿐인데, 나를 자꾸 남들과 비교해왔다. 나를 알고 나니 나는 그래도 꽤 괜찮은 것 같다.

내 마음을 들여다 보니 나를 알 수 있었다.

"혼자 있는 것을 좋아하지만 다른 사람들과의 관계에 항상 목말라하고, 자신의 마음을 제대로 바라보기 시작하면서 자신을 좋아하는 마음이 커지고 있어. 하지만 가장 중요한 사실은 교사다운 교사가 되고자 노력한다는 것이야."

교사들은 자신을 들여다보는 시간이 적다. 자신을 의외로 잘 모른다. 자신을 제대로 아는 교사가 많지 않다. 있는 그대로의 나를 바라보는 것을 두려워하지 말자. 내 마음을 자세히 들여다보니 그래도 괜찮은 구석이 조금은 있다는 사실을 발견했다. 내가 그렇듯 우리 모두는 괜찮은 교사이다. 자세히 들여다보지 못해 미처 발견하지 못했을 뿐이다. 내 감정, 내 느낌을 제대로 볼 수 있어야 나를 사랑할 수 있다. 나를 사랑할 수 있어야 다른 사람을 사랑할 수 있다. 나를 사랑할 수 있어야 학생을 사랑할 수 있다. 그동안 내가 학생들을 사랑하는 마음이 적었던 것은 나를 사랑하지 못했기 때문이다. 이제부터라도 나를, 학생을 열심히 사랑하려고 한다.

내 마음이 궁금할 때, 있는 그대로의 나를 바라보고자 할 때마다 다음 질문에 답을 해보면 좋겠다.

내 마음은 욕심쟁이일까? 고집쟁이일까? 변덕쟁이일까?
내 마음의 문은 얼마나 열려 있을까?
내 마음의 방은 얼마나 넓을까?
내 마음의 계단은 얼마나 될까?
난 내 마음을 멋지게 요리할 수 있을까?
내 마음에도 화장실이 있을까?

내 마음의 주인은 누구일까?

"(   )는 _____이고
 (   )는 _____이고
 (   )는 _____이고
 하지만 (   )에게 가장 중요한 사실은 _____이다."

내 마음, 내 감정, 내 느낌은 언제나 옳다.

사람은 사람 사이에
있을 때 가장 빛난다

 나는 혼자 있는 것을 좋아한다. 혼자서 책 읽고, TV 보고, 산책하며 이런저런 생각을 하는 시간이 참 좋다. 식당에서 혼자서 밥 먹는 것도 전혀 어색하지 않다. 학교에서도 마찬가지다. 동료 교사들과 어울리는 것을 좋아하지 않는다. 교무실에서도 사적인 이야기는 거의 하지 않는다. 업무와 관련해서 필요한 말만 할 뿐이다. 회식이나 워크숍도 거의 참여하지 않는다. 어쩔 수 없이 참석하더라도 식사만 하고 바로 집으로 돌아온다. 이렇게 혼자 지내는 내게 가끔 동료 선생님들이 묻곤 한다. 외롭지는 않느냐고. 그때마다 혼자인 게 좋다고 대답한다.

혼자 지내는 것을 좋아하는 나는 타인들과 관계를 맺는 것이 힘들다. 관계를 맺고 싶은 마음이 크게 들지도 않는다. 지금의 모습에 부족함을 느끼지 못한다. 어느 날 문득 생각해봤다. 왜 나는 관계를 맺는 것이 싫을까? 원래부터 난 혼자 있는 것을 좋아했을까?

중고등학교까지 학창 시절 동안 난 얌전한 학생이었다. 학급에서 조용히 할 일을 하는, 특별히 눈에 띄지 않는 학생이었다. 그래도 마음이 통하는 친구는 여럿 있어서 그들과 어울려 지냈다. 그때는 혼자 있을 때보다 관계 속에서 더 행복했다.

대학교에 입학하면서 많은 것이 달라졌다. 시골에서 자라다가 서울에 있는 대학교에 입학하니 모든 것이 새로웠다. 주위에 아는 사람이 아무도 없었다. 낯선 사람들과 어울리는 것이 너무나도 힘들었다. 선배들과 잘 어울리는 친구들을 보면서 부러운 마음이 들곤 했다. 그 와중에도 마음이 통하는 친구가 생겼다. 낯선 타인들과 관계를 맺는 것을 힘들어하는 나와 비슷한 성격의 친구들이 있어서 자연스럽게 친해졌다. 이렇게 내 주위에는 항상 친구가 있었다. 많지는 않았지만, 외롭지 않을 정도로 마음이 통하는 친구들이 항상 있었다.

그런데 친구 관계에서 항상 문제가 생겼다. 나는 친구들에게 내 마음 전부를 보여주는데, 친구들은 내게 모든 것을 보여주지 않았다. 친구들을 원망했다. 왜 나는 전부를 주는데 내게는 전부를 보여주지 않는지 섭섭하고 친구를 미워하는 마음이 조금씩 생겼다.

친구들이 내게 마음의 문을 닫는 데는 이유가 있었다. 내가 친구들이 필요할 때는 친구들은 언제든지 달려와 내 이야기를 들어 주었다. 하지만 난 몸이 약하고 에너지가 적다는 이유로 친구들이 나를 필요로 할 때 항상 달려가 주지 못했다. 내가 여유가 있을 때만 친구들의 필요에 응했다. 그런 일이 반복되니 친구들은 서운함이 쌓여갔고 내게 거리를 두었던 것이다.

그렇게 친구들은 하나둘씩 내 곁을 떠났다. 그때마다 상처가 내 마음에 깊이 쌓였다. 그때부터였던 것 같다. 난 사람들과 대등한 관계를 맺는 것이 어렵다는 것을 알고 사람들과 거리를 두게 되었다. 마음을 주는 관계를 맺는 것이 힘들기에, 더 이상 상처받지 않으려고 사람들과 적당한 거리를 두고 관계를 맺기 시작했다.

어린 시절 책상에 선 그으며 싸웠던 이유, 지하철에서 빈자리를 두고 가장자리에 앉는 이유, 영화관에서 손잡이에 예민해지는 이유가 퍼스널 스페이스(personal space)를 침범했기 때문이라고 한다. 퍼스널 스페이스는 무의식적으로 자기 것이라고 생각하는 일정한 공간, 사람과 사람 그사이 보이지 않는 영역이다. 만원 지하철역에서 '왜 가로막는 거야', '자기가 좀 비키지'라고 불쾌하고 불편한 마음이 드는 이유 역시 서로의 퍼스널 스페이스를 침범했기 때문이다. 퍼스널 스페이스는 문화마다 서로 다르다. 일본 1.01m, 미국 89cm, 남미 81cm이다.

"그러나 퍼스널 스페이스는 단순히 물리적 거리를 의미하지 않는다. 마음의 거리다."(에드워드 홀, 문화인류학자)

_ 지식채널e '퍼스널 스페이스' *

그렇다. 나의 퍼스널 스페이스는 남들보다 훨씬 넓다. 내 공간에 낯선 이가 들어오는 것을 꺼린다. 상처를 받고 싶지 않다. 내가 타인의 요구를 들어줄 수 없기에 나 스스로 문을 닫는다. 그것이 편하다. 동료 교사가 내 공간에 불쑥 들어오는 것이 참 불편하다. 혼자 있는 게 좋기에 타인들과 거리를 더 멀리 두려고 한다. 남들과 먼 거리에서 나만의 속도대로 살고 싶다.

---

* 출처: http://home.ebs.co.kr/jisike/replayList

동료 교사들의 퍼스널 스페이스도 저마다 다르다. 퍼스널 스페이스가 50cm도 안 되어 보이는 사람이 많다. 언니, 형이라는 호칭을 사용하면서 시시콜콜한 이야기부터 가족 이야기까지 형제나 다름없이 동료들과 편하게 지내는 교사가 많다. 이런 사람들과 어울리는 것은 내게 어려운 일이다.

나는 교직 생활에서 진짜 중요한 관계는 학생과의 관계라고 생각한다. 동료 교사들과는 데면데면하더라도 수업에서 만나는 혹은 담임교사로서 만나는 학생들과 데면데면해서는 안 되는 일이다. 비록 내가 퍼스널 스페이스가 다른 사람보다 넓고 관계를 맺는 것을 힘들어해도 학생들에게는 교사인 내가 먼저 다가가야 한다. 하지만 지금까지 난 그렇게 하지 못했다. 학생들에게도 일정한 거리를 두었다. 아마도 학생들에게는 아주 먼 거리로 느껴졌을 것이다.

그래서일까? 쉬는 시간이나 점심시간에 나를 찾아오는 학생이 거의 없다. 내게 고민을 털어놓는 학생도 없다. 졸업 후 내가 보고 싶어 찾아온 학생은 손으로 꼽을 만큼 적다. 10년에 걸친 교직 생활 동안 많은 학생을 만났지만, 나를 기억하고 찾아오는 학생이 거의 없다는 사실이 참 부끄럽다.

뒷집 준범이
이혜란 글 · 그림
보림

『뒷집 준범이』의 준범이는 나와 닮은 면이 많다. 준범이네는 시장 골목 낮은 집으로 이사를 했다. 앞집은 음식점, 옆집은 슈퍼, 그 옆집은 미용실이다. 준범이는 자주 창밖을 내다본다. 앞집에서 일어나는 일이 궁금하기 때문이다. 홀로 방에 있는 준범이가 가장 부러운 것은 함께 어울리며 노는 동네 아이들이다. 아이들의 모습을 부러운 눈으로 바라보는 준범이에게 한 아이가 말한다.

"야, 너도 이리 와. 같이 놀자."

그런데 준범이는 이렇게 말한다.

"어? 아……. 안 돼. 할머니가 나가지 말고 집에서 놀랬어."

 준범이가 바라보는 아이들은 밝은 색이다. 반면 준범이와 준범이의 방은 어두운 색이다. 아마도 작가는 색감으로 준범이의 마음을 표현한 것이 아닐까 싶다. 준범이는 현재 어둡다. 준범이의 방도 어둡다. 자기 혼자만 갇혀 있는 느낌이고 앞집 아이들과

어울리지 못한다. 그런데 어울리고 싶다. 하지만 용기는 나지 않는다.

앞집 아이들이 보이지 않는다. 준범이는 아이들이 어디로 갔는지 궁금하다. 발뒤꿈치를 높이 들며 세상과 유일한 소통 창구인 창문을 통해 아이들을 찾는다. 아이들이 보이지 않는다. 그때 "준범아 노올자"라고 하며 아이들이 준범이 방으로 들어온다.

이제 준범이는 혼자가 아니다. 준범이의 방에도 밝은 빛이 들어온다. 준범이의 옷에도 색감이 들기 시작한다. 준범이는 아이들과 놀고 싶었지만, 먼저 손을 내밀지 못했다. 그런 준범이에게 앞집 아이들이 다가와 주었다. 준범이는 더 이상 혼자가 아니다. 더 이상 외로워하지 않아도 된다. 방에서 아이들과 다 같이 어울리며 놀고 있는 준범이의 미소가 느껴진다.

나도 준범이처럼 사람들에게 먼저 다가가지 못한다. 상대방이 먼저 다가와 주길 바란다. 하지만 퍼스널 스페이스가 넓기 때문에 사람들은 내게 잘 다가오지 않는다. 준범이와 지금의 나는 다르다. 준범이는 아이들과 어울리고 싶은 마음이 크다. 다만 수줍어서 쉽게 다가가지 못하는 것일 뿐이다. 나는 그렇지 못하다. 난 스스로 혼자이길 선택했다. 그래서 난 더 고독하다.

고독하다는 것은
아직도 나에게 소망이 남아 있다는 거다
소망이 남아 있다는 것은
아직도 나에게 삶이 남아 있다는 거다
삶이 남아 있다는 것은
아직도 나에게 그리움이 남아 있다는 거다
그리움이 남아 있다는 것은

보이지 않는 곳에
아직도 너를 가지고 있다는 거다

이렇게 저렇게 생각을 해보아도
어린 시절의 마당보다 좁은
이 세상
인간의 자리
부질없는 자리
가리울 곳 없는
회오리 들판

아 고독하다는 것은
아직도 나에게 소망이 남아 있다는 거요
소망이 남아 있다는 것은
아직도 나에게 삶이 남아 있다는 거요
삶이 남아 있다는 것은
아직도 나에게 그리움이 남아 있다는 거요
그리움이 남아 있다는 것은
보이지 않는 곳에
아직도 너를 가지고 있다는 거다.
_ 조병화, '고독하다는 것은'

고독하다는 것은 아직도 나에게 소망이 남아 있다는 거다. 그것이 나에게 다른 이들과 더불어 살고자 하는 소망이 남아 있다는 증거다. 내가 다른 이들과 가깝게 지내고 싶어 한다는 것을 한동안 알지 못했다.

나는 때때로 SNS에서 다른 사람들의 프로필 사진을 확인한다. 나도 모르게 평소 연락도 하지 않는 이들의 일상에 관심을 갖곤 한다. 내가 왜 이러는지 처음에는 몰랐는데 이제는 알 것 같다. 한때 내 삶의 일부였던, 그리고 현재 내 삶의 일부인 이들이 잘 살고 있는지, 행복하게 살고 있는지 궁금한 것이다. 내게 타인들과 어울리고 싶어 하는 욕구가 마음 깊숙이 남아 있다는 증거다.

학생들은 나를 '츤데레'라고 한다. 쌀쌀맞고 인정이 없어 보이나 실제로는 따뜻하고 다정한 사람을 이르는 말이다. 내게 따뜻하고 다정스러운 면이 아직 남아 있나 보다. 그런데 아무리 다정한 면이 있어도 학생과 거리를 두기 때문에 학생들이 도움을 요청할 때 잘 도와주지 못한다. 이제 나의 퍼스널 스페이스를 조금 좁혀보려고 한다. 손을 뻗으면 닿는 거리 정도로 말이다. 내가 손을 뻗어 도움을 줄 수 있고 도움도 받을 수 있는 거리를 유지하려 한다.

좋은 일
좋은 사람
좋은 삶을 만나려면
간단한 준비물이 있다

좋은 나
_ 최대호, '준비물'

이제 난 좋은 교사가 되고자 한다. 좋은 교사가 되려면 '좋은 나'가 되어야 한다. 내게 있어 '좋은 나'가 되기 위한 첫 번째 조건은 퍼스널 스페이스를 좁히는 것이다. 그래야만 학생들에게 더 따뜻하고 다정한 교사가 될 것이다. 학생들이 편안하게 고민을 털어놓을 수 있는 교사가 될 것이다. 그렇게 학생들과 관계를 맺고자 한다. 학생들과 거리를 두는 교사는 진정한 교사가 아니다. 교사 사이에서도 마찬가지다. 동료 교사들이 내게 도움을 요청하거나 때로는 내가 그들에게 도움을 요청하면서 서로 지지와 격려의 마음이 전달될 수 있는 퍼스널 스페이스의 거리를 만들려고 한다.

얼마 전 아주 오랜만에 존경하는 선생님을 만났다. 너무나도 인간적이면서 탁월한 능력을 지니고 있어서 함께 일을 하면서 선생님에게 많은 것을 배웠다. 그런데 각자의 사정으로 오랫동안 서로 보지 못했다. 다정다감하지 못한 내 성격 탓에 연락도 못 드렸다. 더구나 선생님도 힘든 시기를 보내고 있어서 선뜻 연락하기 힘들었다. 식사 자리에서 선생님은 내게 이런 말을 했다.

"요즘 내가 너무 힘들어 아무것도 못해서 오늘 약속을 취소하려고 했어. 근데 준호샘을 보고 싶은 마음이 더 커서 나왔어. 준호샘을 보면 애틋해."

'애틋해'라는 말에 울컥했다. 누군가로부터 애틋하다는 말을 들은 것이 그때가 처음이었다. 가족 이외에 나를 이렇게 생각해주는 누군가가 있다는 게 고마웠다. 헤어지기 전 선생님은 한 마디를 더했다.

"준호샘, 힘들 때 전화해. 별말 안 해도 난 준호샘 상황 다 이해하고 공감해줄 수 있어."

평소 연락드리지 못한 미안함, 나를 온전히 이해해주는 것에 대한 고마움, 자신도 힘든 시기를 보내고 있으면서도 나를 챙기는 따뜻한 마음에 너무나 감동했다.

사람은 사람 사이에 있을 때 가장 빛이 나는 것 같다. 아무것도 아닌 나를 온전한 존재로 봐주는 이가 있어 난 빛이 났다.

사람 사이에서 생긴 빛이 오래 지속되기를 바란다. 학생, 동료 교사와의 관계에서 서로가 빛을 주고 받으며 더욱 빛나길 바란다. 그렇게 하기 위해서 퍼스널 스페이스의 거리를 좁히려 한다. 조심스레 손을 내밀어본다.

지금 이 순간,
나와 함께 있는 이들을 위해

그림책 『세 가지 질문』은 톨스토이의 원작을 존 무스가 고쳐 쓴 책이다. 깊이가 있는 원작을 그림책으로 만들기 힘들었을 텐데 원작만큼이나 많은 생각을 하게 한다.

『세 가지 질문』에는 한 소년이 등장한다. 언제나 올바른 행동을 하며 살기를 바라는 소년 니콜라이다. 올바른 행동을 하며 살기 위해 알고 싶은 세가지 질문이 있다. 세 가지 질문은 바로 '가장 중요한 때는 언제일까?' '가장 중요한 사람은 누구일까?', '가장 중요한 일은 무엇일까?'이다. 니콜라이의 친구들은 질문에 자신들이 생각하는 답을 말해준다. 하지만 니콜라이는 만족스럽지

세 가지 질문
레프 톨스토이 원작, 존 무스 글·그림, 달리

않다. 그래서 답을 알고 있을 것 같은 거북이 레오 할아버지를 찾아간다.

　니콜라이가 찾아갔을 때 레오 할아버지는 밭을 갈고 있었다. 니콜라이는 레오 할아버지에게 "가장 중요한 때는 언제예요? 가장 중요한 사람은 누구예요? 가장 중요한 일은 뭐예요?"라고 묻는다. 하지만 레오 할아버지는 빙긋이 웃기만 하고 다시 밭을 간다. 니콜라이도 할아버지를 도와 밭을 갈았다. 밭일이 끝나자 소나기가 내렸다. 니콜라이와 레오 할아버지는 레오 할아버지 집으로 달려간다. 집으로 달려가던 중 나무에 깔려 다리를 다친 판다의 살려달라는 소리를 듣는다. 니콜라이는 판다를 구해주고 레오 할아버지의 집으로 데려와 보살핀다. 의식을 차린 판다는 소나기 속에서 잃어버린 아기 판다를 찾는다. 니콜라이는 아기 판다를 구하러 다시 숲으로 달려간다. 그리고 아기 판다를 구하고 어미 판다의 품에 안겨 준다.

다음 날 니콜라이는 레오 할아버지에게 세 가지 질문을 다시 하고 마침내 대답을 얻는다.

만일 어제 네가 나를 도와 밭을 갈지 않았다면, 너는 비바람 속에서 판다가 도와 달라고 외치는 소리를 듣지 못했을 거야. 그러니까 가장 중요한 때는 네가 밭을 갈던 순간이었어. 그리고 그때 너한테 가장 중요한 사람은 나였고, 가장 중요한 일은 나를 도와 밭일을 하는 거였단다.
그러고 나서 네가 다친 판다를 발견했지? 이제 너한테 가장 중요한 때는 어미 판다의 다리를 치료하고 아기 판다를 구하는 순간이었지. 그때 가장 중요한 사람은 어미 판다와 아기 판다였고, 가장 중요한 일은 판다들을 치료하고 안전하게 보살펴 주는 일이었어.
기억하렴, 가장 중요한 때란 바로 지금, 이 순간이란다. 가장 중요한 사람은 지금 너와 함께 있는 사람이고, 가장 중요한 일은 네 곁에 있는 사람을 위해 좋은 일을 하는 거야.

니콜라이야, 바로 이 세 가지가 이 세상에서 가장 중요한 것들이란다.

그렇다. 내게 가장 중요한 때는 지금, 이 순간이다. 나와 함께 있는 사람이 가장 중요하고, 이들을 위해 좋은 일을 하는 것이 세상에서 가장 중요하다. 난 지금 학생들과 함께 있다. 학교라는 공간에서 담임교사로, 교과 교사로 수많은 학생과 만나고 있다. 학생들과 만나는 순간에 내게 가장 중요한 사람은 바로 학생이다. 학생들에게 좋은 일을 해야 한다. 그런데 난 학생들에게 온전히 집중하지 못했다. 매일 만나다 보니 특별한 존재로 인식하지 못했다. 오늘 소홀히 하더라도 내일 다시 만날 수 있기에 가장 중요한 사람으로 인식하지 못했다.

가정에서도 마찬가지다. 퇴근 후 집에 돌아가면 막내딸이 놀아 달라고 내 곁에 머문다. 팔씨름하자, 끝말잇기 하자, 369 게임을 하자며 졸라 댄다. 하지만 온종일 학교에서 힘들게 일을 해 체력이 바닥이 난 상태이다 보니 딸아이의 요구를 무시하는 경우가 많다. 그저 쉬고 싶어서 누워 TV를 보며 시간을 보낸다. 그런 일이 반복되었더니 막내딸은 "아빠는 나보다 TV가 더 좋구

나"라고 한마디 하고는 자기 방으로 들어가 버렸다. 잠시만 놀아주면 되는데, 그것을 못 해줘서 막내딸의 마음을 아프게 했다는 생각에 슬펐다. 그런 일이 있은 뒤에는 피곤하더라도 한두 가지 놀이를 해주려고 노력하고 있다. 그런데 막내딸과 노는 순간에

"기억하렴. 가장 중요한 때란 바로 지금, 이 순간이란다. 가장 중요한 사람은 지금 너와 함께 있는 사람이고, 가장 중요한 일은 지금 네 곁에 있는 사람을 위해 좋은 일을 하는 거야. 니콜라이야, 바로 이 세 가지가 이 세상에서 가장 중요한 것들이란다."

도 내 눈은 TV에 가 있는 경우가 많다. 내가 좋아하는 스포츠 중계가 있을 때 눈은 TV를 응시하면서 놀아준다. 막내딸과 노는 순간이 가장 중요한 순간이고, 그 순간 내게 가장 중요한 사람은 막내딸이고, 가장 중요한 일은 막내딸과 노는 일임을 잊은 것이다.

학교에서도 그리고 가정에서도 난 현재에 충실하지 못한 삶을 살아왔다. 앞으로는 현재에 충실하려고 한다. 어떻게 해야 하는 걸까?

메멘토 모리(Memento Mori)라는 말이 있다. "자신의 죽음을 기억하라" 또는 "너는 반드시 죽는다는 것을 기억하라", "네가 죽을 것을 기억하라"는 뜻의 라틴어다. 살아가는데 죽음을 염두에 둔다면 삶이 더 의미 있고 가치 있을 것이다. 오늘이 내 인생의 마지막 날이라고 생각한다면 하루를 정말 알차게 보내지 않겠는가. 메멘토 모리는 현재에 충실하기 위해 가장 필요한 말이다. 오늘 하루는 누군가가 간절히 소망한 하루다.

건강한 다리로 잠자리에서 일어났다.
그렇게 못할 수도 있었다.
시리얼과 달콤한 우유와
흠 없이 잘 익은 복숭아를 먹었다.
그렇게 못할 수도 있었다.
개를 데리고 언덕 위 자작나무 숲으로 산책을 갔다.
오전 내내 내가 좋아하는 일을 하고
오후에는 사랑하는 이와 함께 누웠다.
그렇게 못할 수도 있었다.

우리는 은촛대가 놓인 식탁에서
함께 저녁을 먹었다.
그렇게 못할 수도 있었다.
벽에 그림이 걸린 방에서 잠을 자고
오늘과 같은 내일을 기약했다.
그러나 나는 안다, 어느 날인가는
그렇게 못하게 되리라는 걸.
_ 제인 케니언, '그렇게 못할 수도'

이 시는 작가가 백혈병으로 세상을 떠나기 일 년 전에 쓴 것이다. 시리얼과 우유, 복숭아를 먹는 너무나도 평범한, 아무것도 아닌 일이 죽음을 앞둔 시인에게는 너무나도 절실하다. 개를 데리고 산책을 가는 일, 사랑하는 이와 누워 있는 일, 저녁을 함께 먹는 일은 모두 평범한 것이지만, 어느 날 죽음을 맞이하면 이런 일을 더 이상 못한다는 것을 시인은 알고 있다. 얼마나 절실했을까, 시리얼을 먹는 것 자체만으로 얼마나 감사했을까. 이런 마음으로 세상을 살아간다면 못할 일이 있을까.

'메멘토 모리'와 함께 필요한 삶의 자세는 '아모르 파티'다. 아모르 파티는 '주어진 운명을 사랑하라'는 뜻이다. 자신에게 주어진 운명을 사랑하는 것은 자신의 현재 삶에 충실할 때 가능하다.

박웅현 님의 『여덟 단어』에는 이런 말이 있다. "메멘토 모리와 아모르 파티는 죽음과 삶이라는 상반된 의미의 조합이지만, 결국 같은 방향을 바라봅니다. 내가 언젠가 죽을 것이니 살아 있는 지금, 이 순간을 소중히 하라는 것이고 그러니 지금 네가 처한 너의 운명을 사랑하라는 뜻입니다."

> 산다는 게 다 그런 거지
> 누구나 빈손으로 와
> 소설 같은 한 편의 얘기들을
> 세상에 뿌리며 살지
> 자신에게 실망하지 마
> 모든 걸 잘할 순 없어
> 오늘보다 더 나은 내일이면 돼
> 인생은 지금이야
> **_ 김연자, '아모르 파티' 중**

박웅현 님의 말대로 삶과 죽음은 같은 방향을 보고 있다. 내가 죽을 수 있음을 알고 지금 이 순간 내가 처한 운명을 사랑하며 살아가야 한다. 교사의 삶이 내가 처한 운명이라면 교사의 삶을 사랑하며 살아가야 한다.

100만 번 산 고양이
사노 요코 글·그림, 2002,
(주)비룡소

　『100만 번 산 고양이』에는 백만 번이나 죽고 백만 번이나 살아난 멋진 얼룩 고양이가 나온다. 백만 명의 사람이 고양이를 좋아했고, 백만 명의 사람이 그 고양이가 죽을 때 슬퍼하고 울었다. 그러나 고양이는 단 한 번도 울지 않았다. 전쟁 중에도 고양이를 바구니에 담아 전쟁터에 데리고 다닐 정도로 고양이를 좋아한 임금님, 온 세계의 바다와 항구로 고양이를 데리고 다닌 뱃사공, 서커스단 마술사, 남의 물건을 훔치는 도둑, 홀로 사는 할머니, 고양이를 껴안고 자는 것을 좋아한 어린 여자아이, 모두 고양이를 무척 좋아했지만, 고양이는 그들을 좋아하지 않았다. 그렇게 고양이는 누군가의 고양이로 태어났다 죽는 것을 반복한다. 그런 와중에도 고양이는 한 번도 울지 않았다. 자신과 함께 지내고 정을 준 사람들과의 이별에 전혀 슬퍼하지 않았다.

그러던 고양이가 더 이상 누군가의 고양이가 아니라 자기 자신만의 도둑고양이가 되었다. 고양이는 자기를 많이 좋아하게 되었다. 암고양이들은 도둑고양이의 신부가 되고 싶어 하지만, 도둑고양이는 자기를 쳐다보지도 않는 새하얀 예쁜 고양이를 좋아하게 된다. "난 백만 번이나 죽어 봤다고!"라고 하며 하얀 고양이에게 관심을 전하지만, 하얀 고양이는 전혀 관심이 없다. 하얀 고양이 앞에서 공중 돌기를 하면서 "나, 서커스단에 있었던 적도 있다고"라고 말하기도 하는 등 많은 노력을 기울인 끝에 하얀 고양이의 마음을 얻는다. 이들 사이에 새끼 고양이가 많이 태어나고 고양이는 하얀 고양이와 새끼 고양이들을 자기 자신보다 더 좋아한다. 하얀 고양이와 함께 오래오래 살고 싶다고 생각한다.

세월은 거스를 수 없는 법. 하얀 고양이가 고양이 곁에서 죽고 만다. 그때 고양이는 처음으로 운다. 밤이 되고 아침이 되도록, 또 다른 밤이 되고 아침이 되도록 백만 번이나 운다. 아주 처절하게. 고양이가 울음을 그친 날 하얀 고양이 곁에서 조용히 죽음을 맞이한다. 그리고 다시 살아나지 않았다.

내게 『100만 번 산 고양이』는 죽음을 다룬 그림책 중에서도 최고의 책이다. 대부분의 죽음을 다루는 그림책은 죽은 사람을 애도하거나 죽은 사람이 남겨진 이들에게 전하는 메시지를 주제로 한다. 그러면서 죽음을 너무 슬퍼하지 말고 덤덤히 받아들이라고 한다. 하지만 『100만 번 산 고양이』는 죽음의 고통을 줄이는 것에 주목하지 않는다. 또한, 단순히 죽음에만 주목하지 않는다. 죽음을 통해 삶을 이야기한다. 삶과 죽음은 다른 것이 아니라고. 삶은 죽음을 향한 여행이자, 죽음은 삶의 시작이라고. 삶과 죽음은 각기 다른 것이 아니라 하나라고.

백만 번이나 되살아나던 고양이가 왜 다시 살아나지 않았을까? 아마도 누군가를 사랑하게 되면서 삶에 대한 애착이 생겼기 때문일 것이다. 삶에 대한 애착이 없을 때는 백만 번이나 다시 태어났는데, 죽고 싶지 않다는 마음이 들자 고양이는 다시 살아나지 못한 것이다. 삶의 애착을 갖고 하루하루 열심히 현재에 충실할 때 진정한 삶이 존재한다고 말하는 듯하다.

그동안 많은 학생을 만났다. 학교생활은 어제와 크게 다르지 않은 오늘이었고 내일도 오늘과 별반 다르지 않다. 아침 조회, 수업 시간의 모습은 크게 다르지 않다. 그 속에서 매일 여러 명의 학생을 만났다. 혼자서 여러 명의 학생을 만나는 것이 힘들었다.

어디로 튈지 모를 학생들을 상대하는 것이 어려웠다. 자주 지쳤다. 빨리 집에서 쉬고 싶은 마음뿐이었다. 학교는 내 에너지를 소비하는 곳으로 생각되었다. 이런 상황에서 학생들을 가장 중요한 사람으로 여기지 못했다. 매일 만나기 때문에 오늘이 아니더라도 '다음에 잘하면 되지 뭐'라고 생각했다. 그렇게 위안을 삼았다. 학생들이 내게 가장 중요한 사람이라는 것을 잊고 살았다.

세상의 모든 것은 변한다. 어제와 똑같은 학생은 한 명도 없다. 학생들에게는 매일 수많은 일이 일어난다. 즐겁고 행복한 일도 있지만, 가끔은 너무나도 힘에 겨워 주저앉게 만드는 일도 있다. 그 일들을 겪어 내면서 학생들은 매일 성장한다. 그러니 교사는 매일 다른 학생들을 만난다.

가까이 있는 것의 소중함을 잊고 살 때가 많다. 항상 과거는 그립고 미래는 설렌다. 하지만 현재는 내가 살아가는 순간이기 때문에 현재의 소중함을 잊고 사는 경우가 많다. 이런 사실을 잊어버릴 때마다 외쳐보자. '메멘토 모리', '아모르 파티'라고. 우리의 삶은 순간들이 모여 이루어진다. 하루하루를 열심히 살아보자. 그러면 힘든 학교생활이 조금은 편안해지지 않을까? 조금 더 학교생활을 열심히 할 수 있지 않을까?

오늘도 수업을 했다. 5시간이나.

그렇게 못할 수도 있었다.

수업 시간에 학생들이 너무나도 떠들고 말을 듣지 않아

큰 소리로 화를 냈다.

그렇게 못할 수도 있었다.

담임 반 학생들은 편을 나눠 싸웠다.

그래서 학급 분위기가 엉망이 되었다.

그렇게 못할 수도 있었다.

그러나 나는 안다, 어느 날인가는

그렇게 못하게 되리라는 걸.

마음껏 가르치고 배우는
교사가 되고 싶다

어릴 적 내 꿈은 야구선수였다. 야구가 좋아 매일 야구 방망이와 글러브를 들고 등교했다. 쉬는 시간이면 친구들과 함께 야구를 하는 것이 즐거웠다.

학교를 마치고 집에 돌아와서는 혼자서 벽에 공을 던지고 받는 연습을 했다. 야구를 잘하는 것도 아니고 시골이라 학교에 야구부가 없어서 야구선수가 될 수 없다는 것을 이미 알고 있었지만, 그저 야구가 좋았기 때문에 야구선수가 되고 싶었다.

학창 시절에는 꿈이 없었다. 무엇이 되고 싶은지, 어떻게 살고 싶은지에 대해 별로 생각해보지 않았다. 의미 없이 보내는 날이 많았다. 내 삶과 꿈에 대해서도 진지하게 고민하지 않았다. 대학교에 입학해서도 동아리방에서 친구들과 술 마시고 놀며 시간을 보냈다. 돌이켜보면 참 의미 없는 나날이었다. 그렇게 생활하면서도 교직을 이수했다. 대학 생활에서 유일하게 내가 잘한 일이었다.

사실 교직에 대한 사명감 같은 것은 없었다. 교사가 정말로 되고 싶었던 것도 아니었다. 고등학교 역사 시간에 선생님이 과거 시대 신분제를 비교하는 질문을 했다. 한 명도 대답을 하지 않자 선생님은 한 명씩 지목하면서 되물었다. 아무도 대답하지 못하고 있는데, 거의 끝에 앉아 있던 내가 대답을 했다. 선생님은 대답을 듣고 "녀석, 천재네. 정확히 알고 있어. 아주 훌륭해"라고 하셨다. 선생님의 칭찬을 듣고 너무나 기분이 좋았다. 그날 이후 역사 수업 시간이 기다려졌다.

자연스럽게 역사가 좋아졌고 대학교에 진학할 때 역사를 전공으로 선택했다. 교사는 한 번의 칭찬으로 학생을 엄청나게 변화시킬 수 있겠다는 막연한 생각에 교사가 되고 싶었다. 사범대가 아닌 일반 학과에서는 10% 내외의 학생들만이 교직을 이수할 수 있던 때였다. 운이 좋았는지 마지막 순번으로 교직을 이수

할 수 있었다.

임용 시험에 두 번 떨어졌다. 첫 시험은 2차 면접까지 하고 떨어졌다. 충격은 컸지만, 서너 달 짧은 시간 공부하고 합격 문턱까지 갔으니 다음 해에는 무조건 합격할 수 있겠다는 자신감이 생겼다. 하지만 다음 해에도 임용 시험에서 떨어졌다. 두 번째 임용 시험에 떨어졌을 때 친구들이 위로를 해준다면서 술을 마시자고 했다. 아무도 만나고 싶지 않았지만, 흠뻑 취하고 싶은 마음에 술자리에 나갔다. 술자리에 모인 친구들 중에 2년 차 교사가 있었다. 그 친구가 내게 이렇게 말했다.

"너 진짜 교사가 되고 싶니? 지금이라도 다른 직업을 찾아보는 게 어때? 내가 보기엔 네가 처음부터 사범대학교를 선택하지도 않았고 교사가 되고 싶어 하는 열망도 부족한 거 같아. 너보다 정말 간절하게 교사가 되고자 하는 사람이 많아. 그런 사람이 교사가 되어야 하지 않을까?"

그때 난 그 친구가 비아냥거리는 것 같아 화난 마음에 "네가 내 마음을 알기나 해. 난 진짜로 교사가 되고 싶다고"라고 말했다. 당시 난 어찌어찌 흘러 임용 시험을 본 것이었고 두 번이나 떨어진 상태에서 다른 것을 선택하기가 어려운 상황이었다. 지금까지 공부한 것을 포기하는 것도 엄청난 용기가 필요했다. 내게 그런 용기는 없었다. 내가 할 수 있는 선택은 임용 시험에 다시 도전하는 것밖에 없었다.

그날 밤 쉽사리 잠을 이룰 수 없었다. 평소에는 술을 마시면 바로 잠드는 편이었는데 그날따라 잠이 오지 않았다. 머릿속에서는 친구의 말이 계속 맴돌았다.

"너 진짜 교사가 되고 싶니?"

그 물음에 진정으로 교사가 되고 싶다고, 정말로 내가 교사가 되고 싶다고 말할 수 있어야만 무언가를 할 수 있을 것 같았다. 그날 밤 처음으로 내 인생을 돌아보았다. 교사가 되고자 하는 마음이 크지도 않은데 임용 시험을 준비하는 내 모습을. 진정으로 하고자 하는 것이 무엇인지 고민해보지 않았던 내 대학 시절을.

부끄러웠다. 그동안의 내 삶이, 무엇하나 간절히 바라고 노력해서 성취하려고 한 적이 없었던 내 삶이, 정말 간절하게 바라는 꿈이 없었던 내가 부끄러워 참을 수 없었다. 시간이 가는 대로 삶을 살아온 내가, "너 진짜 교사가 되고 싶니?"라는 물음에 아무런 대답을 할 수 없는 내가. 참으로 긴 밤이었다. 그날 이후 이전보다 좀 더 열심히 공부했다. 3번째 만에 임용 시험에 합격했다. 그렇게 난 교사가 되었다.

교사가 되고 몇 가지 이루고 싶은 꿈이 생겼다. 학교에 와서 강의를 하는 선생님들이 너무 멋있어 보여 나도 언젠가 강의를 하고 싶다는 꿈, 죽기 전까지 세상에 내 이름이 들어간 책 한 권 만들고 싶다는 꿈이었다. 책을 좋아하지도 않았는데, 그저 책 한 권 세상에 내놓고 나면 의미 있는 삶을 살았다고 위안받을 수 있을 것 같았다. 사실 그때는 정말이지 불가능한 꿈이라고 생각했다. 막연하게 이루고 싶다는 것이었지 내가 이룰 수 있는 일은 아니라고 생각했다. 특별한 것 하나 없는 평범한 교사인 내가 무슨 수로 강의를 하고 책을 낸단 말인가.

『고래가 보고 싶거든』은 표지의 문구가 인상적이다. '간절히 기다리는 이에게만 들리는 대답'이라는 문구가 눈에 들어온다. 고래가 보고 싶은 한 소년이 있다. 소년에게 작가는 말한다. "고래가 보고 싶니?" 고래가 보고 싶다면 창문도 필요하고 바다도 필요하다. 저게 고래가 아닐까 하고 생각하는 시간도 필요하다. 이 외에도 시간, 의자, 담요 등이 필요하다. 고래가 보고 싶다면 다른 것에 한눈을 팔아서는 안 된다. 고래가 될 수 없는 펠리컨에 마음을 빼앗겨서도 안 되고 구름을 쳐다보다 고래를 놓칠지

고래가 보고 싶거든
줄리 폴리아노 글
에린 E. 스테드 그림
문학동네

도 모르니 구름을 쳐다봐서는 안 된다. 그렇게 바다에서 눈을 떼지 않고 기다리고 기다려야 고래를 만날 수 있다.

소년은 다른 곳에 한눈팔지 않고 고래를 간절히 기다린 끝에 드디어 고래를 만난다.

나 또한 그랬다. 한눈팔지 않고 열심히 노력한 결과 꿈을 이루었다. 동료 선생님의 수업을 참관하다가 토론 수업을 접하게 되었다. 첫눈에 토론에 반했다. 그때부터 다른 곳에 한눈팔지 않고 정말로 열심히 공부했다. 토론 관련 서적을 읽고, 연수도 들었다. 배운 것은 바로 실행에 옮기고 내 것으로 만들었다. 토론

이 좋아 토론 수업을 하고, 토론 대회, 토론 캠프를 운영했다. 토론과 관련 있는 일이라면 가리지 않고 열정적으로 참여했다. 그러다 보니 어느 날 토론 관련 강의를 하게 되고, 원격 연수를 제작하기도 했다. 그리고 불가능할 것 같았던 책 출간도 하게 되었다. 내가 가르친 학생들이 전국 최대 규모의 토론 대회에서 1등을 차지하기도 했다. 정말이지 상상도 하지 않았던 일들이 내게 벌어졌다.

특별하고 특출한 능력이 있는 교사만 할 수 있는 일이라고 생각한 것들이 특별하지도 않고 특출한 능력도 없는 내게 일어났다. 임용 시험에 떨어질 때만 해도 '내 인생은 어떻게 될까?' 하고 걱정이 많았는데 어느덧 강의도 하고 책도 출간하는 교사가 되었다. 고래가 보고 싶은 소년처럼 정말이지 간절히 원하고 나니 꿈이 이루어졌다.

그런데 그림책 작가의 말대로 자신의 꿈을 제외하고 다른 것에 한눈팔지 않고 매진한 후 꿈을 이뤘을 때 과연 행복할까? 강의도 하고 책도 출간했지만, 내 마음은 여전히 허전하다. 허전한 마음이 채워지지 않는다. 강의하고 책을 출간하면 행복하고 교사 생활에 만족감이 클 줄 알았는데 전혀 그렇지 않다.

평소 즐겨 보는 TV 프로그램이 있다. 매주 새로운 사부가 등장해 사부의 일상에서 삶의 교훈을 찾는 내용의 프로그램이다. 얼마 전에 박진영 편이 방송되었다. 박진영은 가수이자 1조 원의 가치를 지닌 회사를 이끌고 있다. 신발 신는 시간, 옷을 입는 시간도 아깝다며 1분 1초도 허투루 쓰지 않고 치열하게 삶을 살아가는 그의 모습에서 많은 감동을 받았다. 그중에서도 그가 말하는 꿈 이야기가 인상적이었다.

박진영은 20억 원을 버는 것이 꿈이었다. 20억 원을 벌면 하고 싶은 것을 하며 자유롭게 살 수 있을 거라 생각했다. 그는 그 꿈을 25살에 이뤘다. 꿈을 이루고 나니 다음 꿈이 있어야 할 것 같았다. 다음 꿈은 K-POP을 미국에 최초로 진출시키는 것으로 정했다. 성공이 보장된 한국 생활을 접고 미국으로 건너가 새로운 도전에 나섰다. 그는 5년 동안 자신의 모든 것을 쏟아부었다. 마침내 결실을 볼 때가 되었다고 기대할 때쯤 2008년 미국에서 리먼 브라더스 사태가 터졌다. 금융 위기가 발생했고 준비한 것을 보여줄 기회도 얻지 못한 채로 5년간 흘린 노력과 땀이 물거품이 되었다.

그는 자신이 무엇을 잘못했기에 기회조차 얻지 못했는지 일 년간 고민했다. 그는 꿈이 잘못되었다는 것을 깨달았다.

I want to be _____

지금까지 그가 원했던 꿈들은 'I want to be' 해당한다. 이런 꿈들은 이루어지면 허무하고 이루어지지 않으면 슬픈 꿈이라고 말한다. 그는 'I want to live for'에 해당하는 것이 진정한 꿈이라고 한다.

'I want to be'는 꿈을 이루기 위한 수단이다. 'I want to live for'가 진정한 꿈이다. 그는 'I want to live for'에 해당하는 것이 인생 전체를 바칠만한 가치가 있어야 한다고 말한다. 얼마나 높은 위치에 서고 싶은가가 아니라 어떤 가치를 가지고 살아갈 것인가 하는 게 진정한 꿈이라고.

지금까지 내가 꿈꾸었던 것도 다 수단에 불과하다. 강사가 되고, 책을 쓰는 것은 높은 위치에 서고 싶었던 것이다. 이 꿈들을 이루었는데 허전한 이유는 내 꿈이 목적이 아니라 수단이었기 때문이다.

나 자신에게 다시 물었다. 무엇을 하고 싶은지, 어떤 가치를 가지고 살아갈 것인지. 아직 답을 찾지 못했다. 교사로서 어떤 가치를 갖고 살아야 할 것인지. 교사로서 꿈이 무엇인지. 이제 내가 꿈꾸는 나의 가치를 찾아야겠다. 교사로서 어떤 꿈을 꾸느냐에 따라 내 교직 생활이 달라질 것이다. 언젠가 교직 생활을 마무리하는 날 허전함이 아닌 뿌듯함을 느끼고 싶다.

> 꿈꾸지 않으면 사는 게 아니라고
> 별 헤는 맘으로 없는 길 가려네
> 사랑하지 않으면 사는 게 아니라고
> 설레는 마음으로 낯선 길 가려 하네
> 아름다운 꿈꾸며 사랑하는 우리
> 아무도 가지 않는 길 가는 우리들
> 누구도 꿈꾸지 못한
> 우리들의 세상 만들어가네
>
> 배운다는 건 꿈을 꾸는 것
> 가르친다는 건 희망을 노래하는 것
> 배운다는 건 꿈을 꾸는 것
> 가르친다는 건 희망을 노래하는 것
> 우린 알고 있네 우린 알고 있네
> 배운다는 건 가르친다는 건
> 희망을 노래하는 것
> **_ 꿈꾸지 않으면**

꿈꾸지 않으면 사는 게 아니다. 학생을 사랑하지 않으면 사는 게 아니다. 아름다운 꿈을 꾸며 우리들의 세상을 만들어가려 한다. 가르치고 배운다는 것은 꿈을 꾸는 것이다. 희망을 노래하는 것이다. 꿈꾸지 않는 교사는 교사가 아니다. 내 꿈에 기대어 마음껏 가르치고 배우는 교사가 되고 싶다.

믿고 기다려 준다면,
누구나 아름다운 꽃을 피운다

베티는 미술 시간이 끝났지만 그림을 그리지 못한 채 의자에 앉아 있다. 미술 선생님은 베티를 격려하지만, 아무것도 그리지 못한 베티는 속이 상한다. 미술 선생님은 "어떤 것이라도 좋으니 한번 시작해보렴. 그냥 네가 하고 싶은 대로 해봐"라며 베티를 격려한다. 베티는 도화지에 점 하나를 찍는다. 자기 이름을 적은 베티는 점 하나만 그린 도화지를 제출한다.

수업 시간 내내 아무것도 그리지 못하고 앉아 있는 학생을 어떻게 대해야 할까? 주어진 시간 동안 해야 할 일을 하지 않은 학생으로 생각해야 할까? 교사의 지시를 따르지 않은 학생으로 생

점
피터 레이놀즈 글·그림
문학동네어린이

각해야 할까? 베티는 수업 시간 동안 어떻게 그려야 할지 고민했지만, 교사의 눈에는 보이지 않는다. 생각을 하고 있는지, 멍하니 딴생각을 하는지 알 수가 없다. 대게 교사는 결과물로 판단한다. 일정 시간 동안 생각을 했다면, 생각한 바를 표현해야 한다. 베티는 그러지 못했다. 수업 시간에서 그림을 그려야 했다면 생각하는 시간, 그림 그리는 시간을 나누고 그림을 완성해야 했다. 하지만 베티는 생각하는 데 수업의 모든 시간을 사용하고 만다. 그리고 점 하나를 찍고 결과물이라고 제출했다.

그런데 선생님은 베티의 점을 하나의 작품으로 인정하고 이렇게 말한다.

"자! 이제 네 이름을 쓰렴."

선생님은 베티가 그린 점을 액자로 만들어 전시한다. 액자를 보고 베티는 자극을 받는다. 훨씬 멋진 점을 그릴 수 있다며 수채화 물감을 꺼내 다양한 색깔, 다양한 크기의 점을 그리기 시작한다. 그것도 아주 열심히. 얼마 후 열린 학교 미술 전시회에서 베티의 그림은 많은 사람의 찬사를 받는다. 베티의 그림을 좋아한 한 아이는 자신도 베티처럼 그림을 잘 그리면 좋겠다고 말한다. 베티는 너도 할 수 있다며 격려하고 하얀 도화지를 건넨다. 아이는 비뚤비뚤한 선을 그었다. 그 선을 보면서 베티는 이렇게 말한다. "자! 이제 여기 네 이름을 쓰렴."

도화지에 찍힌 점 하나를 작품으로 인정할 수 있을까? 만약 내가 미술 선생님이었다면, '한 시간 동안 아무것도 하지 않더니 점 하나 찍었냐'면서 화를 내지 않았을까? 심지어는 다른 친구들의 그림과 비교하면서 말이다. 그런데 미술 선생님은 베티가 놀지 않고 그림 그리는 것에 대해 고민했고 다른 친구들에 비해 그림을 잘 그리지 못한다는 것을 있는 그대로 인정했다. 그리고 베티가 그린 '점' 하나를 작품으로 인정했다.

모든 교사는 학생들이 무한한 가능성을 지니고 있는 존재이며 교사가 이를 믿고 기다려준다면 학생 모두가 아름다운 꽃을 피우리라는 것을 안다. 하지만 기다려준다는 것이 쉽지 않다. 더구나 시간은 무한정 주어지지 않는다. 학생들을 한없이 기다려줄 수만은 없다. 진도도 나가야 하고 다음 수업 활동도 이어가야 한다. '무작정 기다려준다고 결과가 달라질까?' 하는 의문도 생긴다.

난 기다려주는 것이 힘들기보다는 귀찮아서, 빨리 마무리하고 싶어서, 모든 학생을 기다려주는 것이 어렵다는 이유로 기다려주지 않은 적이 훨씬 많은 것 같다. 점 하나를 그린 학생들은 내게 격려받기를 원했지만, 넌 왜 그것밖에 못하냐며 학생들을 나무란 일들이 머릿속을 지나간다. 학생들의 가능성을 외면해왔다. 참 미안하다. 그래도 내 기억 속에 유일하게 가능성을 믿고 기다려준 한 학생이 있음을 위안으로 삼는다.

몇 년 전의 일이다. 수업에 집중하는 모습이 참 보기 좋은 남학생을 만났다. 똘망똘망한 눈으로 나를 바라보는 모습이 참 좋았다. 그런데 그 남학생은 다른 시간에는 수업에 참여하지 않고 잠만 잤다. 다른 과목 선생님들은 그 학생이 도통 수업에 참여하지 않아 걱정이라고 했다. 알고 보니 그 학생은 다른 과목에는 전혀 관심이 없었지만, 인문학에 관심이 많아서 도덕 시간을 좋아했다. 게다가 그 학생은 토론을 좋아했다. 도덕 수업이 주로 토론 활동으로 진행되었기 때문에 그 학생은 도덕 수업에 열심히 참여했다.

그때는 토론을 좋아해서 학생들과 수업에서 진행하다 보니 욕심이 생겼다. 학생들을 데리고 토론 대회에 참가하고 싶었다. 토론 대회는 3명이 한 조를 이뤄 참가해야 했다. 토론을 잘하는 친구들은 다들 바쁘다며 관심을 보이지 않았다. 그 남학생은 토론을 좋아했지만, 말을 잘하는 편이 아니어서 학교 대표로 대회에 보내기가 망설여졌다. 하지만 시간이 지나도 참가를 원하는 학생이 없어서 그 남학생을 3명 중의 1명으로 선택하고 토론 대회에 참가하기로 했다.

토론 대회를 준비하는 동안 그 남학생은 열심히 자료를 조사했다. 인문학적 지식이 풍부해서 같이 참가한 친구들을 이끌며 준비를 했다. 하지만 막상 토론 대회에서는 3분의 발언 시간 동안 거의 한마디도 못 하고 우두커니 서 있었다. 평소에도 말을 잘하는 편은 아니었지만, 대회라는 긴장감이 더해져 얼굴은 빨개지고 한마디도 못 하고 자리에 앉았다. 결국 좋은 결과를 얻지 못한 채 돌아와야 했다.

그날 그 남학생은 자신은 토론에 맞지 않는 것 같다면서 괴로워했다. 자신을 뽑아준 나에게 죄송하다고 했다. 그때 난 왜 그랬는지 모르겠는데 평소와 다르게 말했다. 평소대로라면 그렇게 못하냐면서 한 소리 했을 텐데 그날은 달랐다. 나는 힘들어하는 그 학생에게 이렇게 말해주었다.

"선생님은 네가 누구보다 열심히 준비한 것을 알아. 단지 긴장을 너무 많이 해서 말을 못 했을 뿐이야. 네가 준비한 것을 편하게 말하면 되는 거야. 학교 대표라는 부담감을 떨치고 대회라는 긴장감에서 벗어난다면 넌 충분히 잘해낼 거야. 선생님은 널 믿어."

그날 이후 그 남학생과 전국을 돌아다니며 각종 토론 대회에 참가했다. 누구보다 토론을 좋아해서 열심히 참여한 결과 3학년 때는 전국 토론 대회에서 아주 좋은 성적을 얻기도 했다. 그 남학생에게 달라진 것은 토론을 잘하게 된 것뿐만이 아니었다. 다른 과목 수업에도 열심히 참여하게 되었고 성적도 아주 많이 올랐다. 고등학교에 입학해서도 자신의 소질에 맞는 기자라는 꿈을 키우기 위해 열심히 노력하고 있다. 수업 시간에 잠만 자던 남학생에게 너무나도 큰 변화다.

어느 날 그 학생으로부터 한 통의 문자 메시지를 받았다.

"선생님 감사합니다. 선생님을 만나서 제 인생이 너무나도 많이 변했습니다. '선생님을 만나지 못했다면 어떻게 되었을까?' 하고 생각하니 두렵기까지 합니다. 선생님을 통해 저 자신에 대한 믿음이 생겼습니다. 무슨 일이든 잘할 수 있다는 자신감도 얻었습니다. 선생님이 제게 주신 은혜 평생 잊지 않겠습니다."

이 문자 메시지를 보고 얼마나 행복했던지 나도 모르게 살짝 눈물이 났다. 교직 생활에서 처음 받아보는 감동적인 문자 메시지였다.

봉오리는
모든 만물에 있다.
꽃을 피우지 않는 것에게도.
왜냐하면 모든 것은 그 내면으로부터
스스로를 축복하며 피어나기 때문.
그러나 때로는 어떤 것에게 그것의 사랑스러움을
다시 가르쳐 주고
봉오리의 이마에 손을 얹으며
말로, 손길로 다시 말해 주는 것이 필요하다.

정말 사랑스럽다고,
그것이 다시금 자신의 내면으로부터 스스로를 축복하며
꽃을 피울 때까지.
_ 골웨이 키넬, '봉오리' 중

이마에 손을 얹으며 말로, 손길로 사랑스럽다고 말해주면 자신의 내면으로부터 스스로를 축복하며 꽃을 피우는 것이 봉오리다. 꽃을 피우려면 언제 필지 기약 없는 기다림이 필요하다. 언젠가는 반드시 꽃을 피울 것이라는 희망을 잃지 않은 채로. 학생들은 아직 꽃을 피우지 못했다. 학생들에게 '사랑스럽다', '넌 할 수 있다'라고 말해주면서 기다려주면 학생들은 자기 내면으로부터 스스로 축복하며 꽃을 피울 것이다.

방망이를 휘둘러요.
공을 힘껏 쳐요.
우아, 홈런이에요!
하지만 공이 늘 잘 맞는 건 아니에요.
세 번은 성공하고, 일곱 번은 실패했어요. 야구선수는 3할을 유지하기 위해
70%도 멈추지 않고 방망이를 휘둘러요.

70%의 비밀
이민희 글·그림
천개의바람

나는 좋아하는 게 많아요.
다 잘하지는 못해도 재미있어요.
나한테도 70%의 비밀이 있어요.
그건 바로,
별처럼 반짝반짝 빛나는 가능성이에요.

3할을 유지하기 위해 70%도 멈추지 않고 방망이를 휘두르는 야구선수처럼 학생들도 별처럼 반짝반짝 빛나는 70%의 가능성이 있다. 누구나 모든 일을 잘할 수는 없다. 더욱이 아직 어린 학생들에게는 그 가능성이 덜 보이기도 한다. 하지만 누구에게나

70% 가능성이 있다는 사실을 기억한다면, 학생들을 대하는 자세가 달라지지 않을까? 교사가 해야 할 일은 학생들에게 70% 가능성이 있으니 절대로 좌절하거나 포기하지 말고 네가 좋아하고 잘할 수 있는 일을 찾아보자고 손을 내밀어주는 일이다.

『명상록』으로 유명한 로마 황제 마르쿠스 아우렐리우스는 이렇게 말했다.

> 만일 그대가 어떤 일을 성취하기 어렵다 하더라도,
> 그것이 인간에게 불가능하다고 생각해서는 안 된다.
> 오히려 무슨 일이나 인간은 할 수가 있으며,
> 인간성에 일치하는 것이라면,
> 자기도 이룰 수 있는 것이라고 생각해야 한다.

이 말을 나는 이렇게 바꾸고 싶다.

> 만일 교사가 어떤 일을 성취하기 어렵다 하더라도,
> 그것이 학생에게 불가능하다고 생각해서는 안 된다.
> 오히려 무슨 일이나 학생은 할 수 있으며,
> 학교에 관한 일이라면,
> 학생들이 이룰 수 있는 것이라고 생각해야 한다.

학생들의 무한한 가능성을 믿고 기다릴 줄 아는 교사가 되고 싶다. 학생들의 가능성을 믿고 기다려 준다면, 누구나 아름다운 한 송이 꽃을 피운다는 사실을 잊지 않으려 한다.

한 뼘이라도 함께 손을 잡고 오르는 담쟁이처럼

헤엄이는 바닷속에서 빨간 물고기 떼와 함께 지낸다. 새까만 물고기는 저 혼자지만 더불어 지내는 데는 큰 문제가 없다. 그런데 어느 날 무섭고 날쌘 다랑어 한 마리가 빨간 물고기 떼를 몽땅 잡아먹었다. 헤엄을 잘 치는 헤엄이만 겨우 도망쳤다. 혼자 남은 헤엄이는 무섭고 외로웠다. 그러던 중 바위와 물풀 사이에 숨어 있던 작은 물고기 떼를 발견했다. 헤엄이는 함께 헤엄치고 놀자고 제안하지만, 작은 물고기들은 큰 물고기에게 잡아 먹힐까 봐 거절했다. 헤엄이는 함께 지낼 수 있는 방법을 고민한 끝에 좋은 방법을 찾아냈다. 작은 물고기들이 함께 힘을 모아 큰 물고기 모양을 만들어 헤엄쳐 다니기로 했다.

헤엄이
레오 리오니 글·그림
시공주니어

작은 물고기들은 더 이상 큰 물고기를 두려워하지 않는다. 서로 협력해서 큰 물고기보다 더 큰 물고기가 되어 바닷속을 자유롭게 돌아다닌다. 헤엄이는 안전하고 평화로운 삶을 위해 협력을 선택한 것이다.

삶은 경쟁의 연속이다. 나이가 들수록 경쟁은 더욱 치열해진다. 학교에 입학하면서부터 경쟁은 본격화된다. 친구보다 더 나은 성적을 얻으려고, 더 좋은 대학을 입학하려고 경쟁한다. 힘겨운 노력 끝에 대학교에 입학하고 나면 더는 경쟁이 없을 것 같지만, 취업을 위한 경쟁이 이전보다 몇 배는 더 치열하다.

작은 빨간 물고기들이 커다란 물고기 모양을 이루며 헤엄칠 수 있게 되자, 헤엄이가 말했어. "내가 눈이 될게."

나는 대학교까지는 별 어려움 없이 경쟁에서 낙오하지 않고 잘 견뎌냈다. 그런데 임용 시험은 나에게 처절한 좌절을 안겨주었다. 임용 시험에서 두 번이나 시험에서 떨어졌다. 경쟁에서 탈락했을 때의 비참함을 알게 되었다. 그 시간을 견뎌내고 임용 시험에 합격했을 때의 기쁨은 말로 다 표현할 수 없었다. 경쟁이 심할수록 성취감은 커지는 것 같다. 그렇게 교사가 된 지도 10년이 흘렀다.

교사가 되었을 때만 해도 더 이상의 치열한 경쟁은 없을 줄 알았다. 막상 교사가 되고 보니 그렇지 않았다. 또 다른 경쟁이 기다리고 있었다. 교장, 교감이 되기 위한 경쟁은 정말이지 엄청났다. 많은 교사가 학생들을 가르치는 것보다 승진 점수를 채우는 데 훨씬 더 큰 노력을 기울였다.

학교 일에 매진하는 선배 교사가 있었다. 선배는 가정까지 소홀이 해가며 매일 밤까지 학교에 남아서 일을 했다. 관리자로 승진하기 위해 10년 넘게 이런 생활을 하고 있다고 했다. 선배와 난 같은 부서에서 부장 교사와 계원으로 일했다. 선배는 9시 이전에 퇴근하는 날이 거의 없었다. 일찍 퇴근하기가 눈치 보였다. 어쩔 수 없이 같은 부서 동료 교사와 함께 거의 매일 야근을 해야 했다.

선배는 늘 바빴다. 승진 점수를 채우기 위해서는 이 정도는 기본이라고 했다. 남들처럼 해서는 관리자로 승진을 할 수 없다고 했다. 내게 '너는 업무 능력도 괜찮고, 남자고 하니 승진을 무조건 해야 한다'고 했다. 선배 교사들의 이야기를 들으면서 나도 승진에 욕심이 생겼다. 연구대회 점수가 필요하다고 해서 선배 교사의 지도를 받아 가면서 연구대회도 준비하기 시작했다. 1정 연수에서 좋은 성적을 거두어야 교감 승진할 수 있다고 해서 1정 연수를 열심히 들었다. 교사의 길에 들어서면 누구나 그렇게 해야 하는 줄 알았다.

　여느 날과 같이 밤까지 남아서 일을 하고 집으로 돌아가는 길. 그날 유난히 하늘이 쓸쓸했다. 별 하나 보이지 않고 평소보다 더 어스름한 밤하늘이었다. 밤하늘을 보면서 참 오랜만에 하늘을 본다는 것을 깨달았다 '그동안 하늘 한번 바라볼 시간도 없이 무엇을 위해 달려왔지?' 하는 생각이 들었다. 그 순간 '내가 무엇을 하고 있는 건가? 난 지금 행복한가?' 하는 의문이 들었다. 나는 마치 자신의 원래 목표를 생각하지 않고 남들이 달리면 같이 달리는 '스프링벅(springbok)'처럼 살아가고 있었다.

　"아프리카에 사는 스프링벅이라는 양 이야기 아니?"
　한번 뛰기 시작한 수천 마리의 스프링벅은 성난 파도와 같이 산과 들을 넘어 계속 뛰기만 하는 거야. 계속 뛰어, 계속. 여기가 어딘지도 몰라. 풀 같은 건 생각지도 않아. 그냥 뛰어야 해.
_ 배유안, 『스프링벅』, 창비, 2008 중에서

그날 이후 많은 것이 달라졌다. 관리자 승진을 위해 스프링벅처럼 달려가는 선배가 더 이상 행복해 보이지 않았다. 나는 그들과 같은 삶을 살기 싫었다. 곰곰이 생각해보니 그동안 내가 원해서 선택한 경쟁은 없었다. 남들이 하니까 나도 해야 한다며 치열한 경쟁에 발을 담갔다. 주변에서 승진을 준비해야 한다고 하니 승진이라는 경쟁의 굴레에서 벗어나지 못하고 헤매고 있었던 것이다. 경쟁에서 벗어나면 남들보다 뒤처지는 줄 알았다. 남들에게 뒤처지기 싫었다. 내 것이 아닌 것에 욕심을 부리고 있었다.

나는 '교포자'가 되기로 결정했다. '교포자'는 교사들이 흔히 말하는 교감, 교장 즉 관리자 승진을 포기한 사람이다. 승진을 위한 점수를 신경 쓰지 않으니 학생들이 눈에 들어왔다. 관리자의 눈치도 덜 보게 되고, 내가 하고 싶은 교육 활동을 할 수 있었다. 업무를 잘해서 인정받을 필요도 없어서 수업과 생활교육에 집중할 수 있었다. 학생들이 눈에 들어오니 수업과 생활지도에서의 힘듦이 조금은 줄어들었다. 이제 진짜 교사가 된 것 같다. 더 이상 수업 시간에 업무를 하느라 교무실에 불려가지도 않는다. 그동안 민감하게 반응했던 승진을 위한 각종 점수에도 크게 신경 쓰지 않는다. 다면평가 점수, 학교폭력 담당자 가산점 등에 얽매이지 않는다. 더 이상 승진 점수를 빨리 채우려고 동료 교사를 밟고 올라가려고 하지 않는다.

비록 남들보다 천천히 갈지는 모르지만, 주변의 아름다움을 보면서 살려고 한다. 다른 교사들은 관리자가 될 때 나는 여전히 평교사일 테지만 상관없다. 관리자가 되기 위해 많은 것을 희생하며 살기보다는 내가 좋아하고 사랑하는 것들을 마음껏 누리면서 교직 생활을 하려고 한다. 관리자 승진을 위한 점수 채우기에 사용할 시간을 학생들을 더 사랑하고 제대로 가르치는 데 사용하려고 한다.

경쟁의 굴레에서 벗어나니 동료 교사들도 보이기 시작한다. 경쟁의 상대로만 여겼던 동료 교사가 이제는 더 나은 수업과 생활교육을 위해 함께 머리를 맞댈 협력의 대상으로 보인다. 예전에는 수업과 생활교육 등에서 내가 가지고 있는 방법을 공유하지 않았다. 어렵게 배운 방법을 공유하면 내 것을 뺏기는 기분이 들었다. 이제는 그럴 필요가 없다. 서로 나누면서 함께 성장하면 되니까.

안타깝게도 학교에는 여전히 관리자로 승진하길 원하는 교사가 수없이 많다. 남보다 좋은 업적을 내야 자신에게 도움이 되다 보니 동료 교사를 경쟁의 대상으로 여긴다. 이런 학교 현장에서 교사 간 협력은 잘 이뤄지지 않는다. 교장, 교감 라인을 타기 위해 줄을 서면서 인맥을 쌓고 치열하게 경쟁한다. 조금이라도 승진에 도움이 되는 일은 서로 자기가 하려고 한다. 경쟁만 있고 협력이 없으니 학교가 제대로 돌아가지 않는다. 그 피해는 온전히 학생들이 받는다. 교사들이 경쟁하면서 협력하지 않으니 제대로 된 학교 철학이나 비전 등을 함께 만들지 못한다. 학생들을 제대로 가르칠 수 없다.

거북이와 토끼의 첫 번째 경주에서 꾸준히 지속적으로 노력한 거북이가 승리한다. 자신의 자만으로 진 것을 깨달은 토끼는 방심하지 않고 열심히 달려 재경주에서 승리한다. 지금처럼 경주한다면 토끼를 이길 수 없음을 알게 된 거북이는 결승전 앞에 강이 있는 경로의 경주를 제안한다. 거북이는 자신의 핵심 역량을 파악하고 그에 맞춰 경기 환경을 변화시켜 승리할 수 있었다.
이제 토끼와 거북이는 친구가 되었다. 이들은 마지막 경주를 하기로 결심한다. 이번에는 팀으로 경기를 한다. 강에서는 거북이가 토끼를 업고 그 이외의 곳에서는 토끼가 거북이를 업고 함께 결승점에 도착한다. 마지막 경주는 개인적으로 뛰어난 능력을 갖는 것과 핵심 역량을 강화하는 것도 좋지만 팀을 이뤄 일하는 것의 중요함을 설명하고 있다.

_ 토끼와 거북이 신버전 *

거북이와 토끼가 서로 이기려고 끊임없이 경쟁했다면 어떻게 되었을까? 지치고 힘들어하는 가운데 서로 상처만 남았을 것이다. 이들은 협력을 선택했다. 그 결과 더 큰 만족감을 느꼈다. 남을 이겨야 내가 살 수 있는 무한한 경쟁 속에 있다. 경쟁에서 살아남는 법은 무엇일까? 능력과 역량을 더 키워 남을 이겨내는 것이 경쟁에서 살아남는 것이 아님을 우리는 모두 알고 있다.

저것은 벽
어쩔 수 없는 벽이라고 우리가 느낄 때
그때
담쟁이는 말없이 그 벽을 오른다
물 한 방울 없고 씨앗 한 톨 살아남을 수 없는
저것은 절망의 벽이라고 말할 때

---

* 출처: https://www.youtube.com/watch?v=pazQkoyrR1U

담쟁이는 서두르지 않고 앞으로 나아간다
한 뼘이라도 꼭 여럿이 함께 손을 잡고 올라간다
푸르게 절망을 다 덮을 때까지
바로 그 절망을 잡고 놓지 않는다
저것은 넘을 수 없는 벽이라고 고개를 떨구고 있을 때
담쟁이 잎 하나는 담쟁이 잎 수천 개를 이끌고
결국 그 벽을 넘는다

_ 도종환, '담쟁이'

담쟁이가 어쩔 수 없는 벽을 만났을 때 포기하지 않고 그 벽을 오를 수 있는 가장 큰 이유는 한 뼘이라도 꼭 여럿이 함께 손을 잡고 올라가기 때문이다. 서로 도와주고 협력하면서 그 어려운 벽을 올라가는 담쟁이의 모습을 볼 때마다 감탄이 나온다. 여럿이 손을 잡고 함께 나아간다면 그 무엇이 두렵겠는가. 정말이지 뛰어난 인재가 모인 교사 집단인데 협력하지 않으니 시너지가 나지 않는다. 학교의 변화도 이뤄지지 않는다. 학생들을 위해서, 더 나은 학교를 위해서 경쟁이 아닌 협력이 필요하다.

혼자 가면 빨리 갈 수 있을지 모르지만, 함께 가면 멀리 갈 수 있다. 헤엄이, 토끼와 거북이, 담쟁이는 모두 협력의 가치를 알고 실천했다. 경쟁이 아닌 협력을 통해 서로 의지하면서 함께 멀리 갈 수 있었다. 교사들도 그럴 수 있지 않을까? 동료 교사보다 조금 앞서간다고 행복할까? 서로 얼굴 붉히고 싸워가며 승진 가산점을 더 받고 나면 행복할까? 남들보다 능력이 뛰어난 교사가 경쟁에서 승리하는 것은 당연한 일일까?

동료 교사보다 훨씬 능력이 뛰어난 교사들이 있다. 탁월한 능력으로 수업, 생활교육, 행정업무까지 완벽하게 해내는 교사들이 있다. 학교 교육은 혼자서는 불가능하다. 제아무리 뛰어난 교사라도 동료 교사의 지지와 협력이 없으면 아무것도 할 수 없다. 일방적인 주입식 수업을 하는 학교에서 혼자서 토론식 수업을 한다고 해서 수업이 바뀌지 않는다. 상벌점제도로 생활지도를 하는 학교에서 혼자서 회복적 생활교육을 실천한다고 해서 학교가 변하지 않는다. 학교의 변화는 교사들 간의 연대와 협력으로 이뤄진다. 능력 있는 교사 한두 명이 학교를 변화시킬 수 없다. 혁신학교를 이끌었던 많은 교사가 일반 학교에 가서 학교 변화를 이뤄내지 못하고 실패하는 것은 능력 있는 교사 혼자서는 아무것도 해낼 수 없음을 알려준다.

교사들 사이의 무한한 경쟁만이 존재하는 학교는 발전이 없다. 경쟁만을 중시하는 교사들은 학생을 제대로 가르칠 수 없다. 경쟁을 통해 남을 짓밟고 올라서려고 하는 학생만을 기를 뿐이다. 우리 학생들이 성장해 만들 사회는 지금보다 더 아름다워야 하지 않을까. 경쟁보다 협력이 학교를, 우리 사회를 아름답게 만드는 비결이 아닐까. 우리 교사들이 헤엄이, 토끼와 거북이, 담쟁이처럼 살아가면 좋겠다.

나의 케렌시아는
어디인가?

　가끔 악몽을 꾼다. 늘 같은 꿈이다. 임용 시험에 합격했는데 채점 오류로 합격이 취소되는 꿈이다. 예전에는 군대 생활에 문제가 발생해서 재입대하는 악몽을 꾸었는데, 교사가 된 뒤에는 임용이 취소되는 악몽을 꾼다.

　악몽을 꾼 다음 날은 종일 힘들다. 악몽에서 깨고 나면 다시 잠이 오지 않고 밤새워 뒤척인다. 악몽을 자꾸 꾸다 보니 한 가지 사실을 알게 되었다. 평소에는 악몽을 잘 꾸지 않는데, 다음 날 학교에 할 일이 많으면 악몽을 꾼다는 것이다. 업무 부담이 있는 날에 대한 압박감이 원인이었다.

최근에 악몽을 꾼 것은 작년 가을이었다. 다음날 많은 일이 날 기다리고 있었다. 우선 특성화고등학교에 입학 원서를 보내야 했다. 그리 어렵지 않은 일이지만, 7년 만에 원서를 작성하는 것이라 긴장이 많이 되었다. 점심시간에는 흡연 학생에 대한 선도위원회가 예정되어 있었다. 그 외에도 처리해야 할 공문이 쌓여 있어서 출근하기가 싫었다. 그랬더니 어김없이 악몽이 찾아왔다.

잠을 제대로 이루지 못하고 출근했는데, 아침부터 문제가 생겼다. 원서 작업을 하기 위해서 생활기록부를 출력해야 하는데 나이스(NEIS)에 로그인을 할 수 없었다. 금요일까지 잘 사용했는데 월요일 아침에 갑자기 안 되니 당황스러웠다. 다른 선생님들은 문제가 없는데 나만 안 되었다. 너무나 답답했다. 학교에서는 문제를 해결할 수 없어서 원격지원도 문의해보고 교육청에도 문의했는데, 원인을 찾지 못해서 유일한 공강 시간이었던 1교시를 아무 일도 못 하고 보냈다. 2교시부터 계속 수업을 들어갔는데 온 정신이 컴퓨터에 가 있었다. 처리해야 할 공문도 신경이 쓰이고 수업에 집중하기 힘들었다. 수업을 정신없이 마무리하고 쉬는 시간 10분 동안 공문 처리하고 교육청에 문의하기를 반복했다. 점심시간에는 선도위원회를 진행했다. 하지만 아직도 해야 할 일이 많이 남아 있었다.

오후에 교육청에서 오류를 발견하고 나이스 로그인 문제를 해결하고 원서를 보냈다. 종례를 마치고 한숨 돌리려고 하던 때 학생들끼리 싸움이 발생했다. 학생들을 불러다 사태를 파악하고 조사하고 마무리를 하면서 진을 뺐다. 마무리하고 나니 퇴근 시간이 훌쩍 넘었다. 그날은 학부모 상담이 있었다. 고등학교 입학 문제로 두 명의 학부모와 30분 간격으로 상담을 마치고 나니 어느덧 날이 어두웠다. 하루를 마무리하고 지친 몸으로 교무실을 나섰다. 몸과 마음이 모두 힘든 하루였다.

『오늘은 쉬는 날』은 바쁜 일상을 보내는 소녀의 이야기이다. 소녀는 월요일 아침에는 등교 준비를 위해 정신없이 하루를 시작한다. 화요일에는 학교를 마치고 수영교실로 간다. 수요일은 엄마가 늦게까지 일하기 때문에 학교에서 엄마가 오기를 기다린다. 목요일에는 오케스트라 연습이 있고, 금요일은 학교에서 운동을 하러 간다. 토요일에는 네트볼을 한다. 그러다 보면 어느덧 일요일이 다가온다.

일요일 아침에 엄마 아빠는 느긋한 표정으로 말한다. "오늘은 아무런 할 일이 없어. 쉬는 날이거든." 소녀는 이제야 무언가도 하지 않고 그네를 타며 휴식을 취한다. 온종일 파자마 차림으로 과자도 구워 먹고 아빠와 함께 연을 만들어 놀기도 한다. 그러다

오늘은 쉬는 날
제인 고드윈 글
안나 워커 그림
파랑새어린이

힘들면 잔디에 드러누워 쉼을 즐긴다.

   그 모습이 너무나도 편해 보인다. 아무런 고민도 없이 오로지 쉼을 즐기는 모습이 보기 좋다.

   교사들의 학교생활은 바쁘고 정신이 없다. 여러 가지 일들이 한꺼번에 몰려올 때는 잠시 쉴 틈도 없이 하루를 보낸다. 화장실에 갈 시간조차 없을 때도 많다. 퇴근할 때가 되면 녹초가 되곤 한다. 교사들에게는 아무 일도 하지 않고 쉬는, 내일 해야 할 수업 준비 등은 다 잊을 수 있는 제대로 된 쉼이 필요하다. 교사들은 쉼을 즐기지 못한다. 잠깐 쉬고 내일을 준비하기에 바쁘다.

온종일 쉬고 있으면 왠지 불안하고 '내가 이러고 있어도 되나?' 싶기도 하다. 심지어 휴일에도 학교에 일이 있어 출근을 하는 교사도 많다.

교사는 항상 부족하다고 느낀다. 수업이나 생활교육 등에서 능력이 부족하다고 느껴서 휴일에도 이곳저곳 연수를 들으러 다니기 바쁘다. 연수를 듣는다고 실제로 적용하는 것도 아니다. 그저 가만히 놀고 있으면 불안해서 늘 뭔가를 배우러 다닌다.

그냥 쉼을 즐기자. 쉴 때는 아무런 고민과 걱정 없이 쉬고, 일할 때는 즐겁게 일하자. 그러면 충분하다. 힘들고 바쁜 하루를 보냈다면 자신에게 말해주자 "사랑하는 ○○야, 오늘 수고 많았어. 오늘 고생했으니 남은 시간은 편안히 쉬자"라고. 우리는 쉼을 즐길 자격이 있다.

『고요할수록 밝아지는 것들』에서 혜민 스님은 쉼을 위한 자신만의 안식처가 있는지 묻는다.

삶이 지치고 힘들 때 혼자 찾아가 치유의 시간을 보낼 수 있는 장소가 필요하다고 한다. 스페인어로는 '케렌시아(Querencia)'라고 한다. 투우사와 싸우다 지친 소가 투우장 한쪽에서 잠시 휴식을 취하며 회복하는 장소라는 뜻이다.

교사에게도 이런 장소 하나쯤 필요하지 않을까? 소가 휴식을 취하지 않고서는 투우사와 계속해서 싸우기 힘들다. 교사도 마찬가지다. 학교에서 끊임없이 에너지를 쏟기만 해서는 얼마 견디지 못한다. 교직 생활이 단기간에 끝나는 것도 아니다. 대개 30년이 넘는 긴 세월을 버텨야 하는데, 쉼이 없다면 그 긴 세월을 견딜 수 없다.

내가 그렇다. 지난 10년 쉼 없이 달려왔다. 학교에서는 교사로, 가정에서는 남편과 아빠로 쉼 없이 달려왔다. 나만의 케렌시아에 머물며 나만의 시간을 갖지 못했다. 10년 넘게 혼자서 여유 있는 시간을 전혀 갖지 못했다. 잠시 휴식을 취하며 나를 돌아보고 현재의 나, 미래의 나를 바라보는 시간을 갖지 못했다. 남들은 주말에 낚시도 하고 여행도 가는데 이런 취미를 가질 마음의 여유가 없었다. 외벌이다 보니 늘 마이너스 통장에 의지해 살아야 했다. 지금 난 너무 지쳤다. 몸도 마음도 아프다. 교사도 남편도 아빠 역할도 잠시 쉬고 싶다. 그저 온전히 나만의 시간을 갖고 싶다. 그림책 『오늘은 쉬는 날』의 소녀가 잔디에서 편히 쉬듯이 나도 나의 안식처에서 쉬고 싶다.

학교에서는 하루에도 많은 일이 일어난다. 행복한 일보다는 스트레스를 받는 상황이 훨씬 많다. 학생들이 말을 듣지 않고, 학부모들이 말도 안 되는 요구를 하기도 하고, 동료 교사와의 갈등도 생기고, 관리자들이 부당한 요구를 하기도 한다. 학교에서의 하루는 교사들을 지치게 한다. 때로는 수업이 안 되기도 하고 유난히 실수도 잦고 공문도 제대로 처리하지 못해서 자괴감이 드는 날이 있다. 무기력해서 아무것도 할 수 없는 날도 있다. 집으로 돌아가는 퇴근길에서 무능력한 내가 한없이 초라해 보이는 날도 있다. 그래도 괜찮다. 오늘 하루는 충분히 괜찮았으니까.

오늘 하루도 괜찮아
김나은 글·그림
씨드북

『오늘 하루도 괜찮아』에는 매사 긍정적으로 생각하는 소녀가 있다. 등교를 해야 하는데 아침에 더 자고 싶어 일어나기 힘이 든다. 그럴 때마다 소녀는 "동그란 시계가 달님 되어 자장가를 들려줄 거야"라고 긍정적으로 생각한다. 버스를 기다릴 때는 민들레꽃이 지루하지 않게 해주며, 수업 시간에 어려운 문제가 있으면, 선생님의 말을 받아먹으면 알 수 있을 것이라고 생각한다. 집으로 돌아와 반겨주는 이 없이 힘들고 외로움을 느낄 때는 따뜻한 물이 마음을 위로해준다. 어두운 밤 혼자 집에 있을 땐 장난감 친구들이 함께 있어 줄 거라고 생각한다. 깜깜한 밤도 두렵지 않다.

소녀는 바쁘고 힘든 가운데도 항상 긍정적인 마음을 지니고 있다. 그래서 그런지 소녀의 오늘 하루는 괜찮다. 나도 우리 교사들도 이렇게 긍정적으로 살 수 없을까? 가끔 수업이 안 되는 날도 있다. '다음 수업에 잘하면 충분하지'라고 생각할 수는 없을까? 학생들이 말을 듣지 않고 학부모의 말도 안 되는 민원으로 짜증이 나는 날도 있다. 그대로 괜찮다. 오늘과 다른 내일이 우리를 기다리고 있으니까.

힘든 상황에서도 학생들이 성장하기를 기대하면서 하루하루를 견디며 사는 교사가 참 많다. 교사로 사는 것이 쉽지 않다. 가끔은 다 내려놓고 싶을 만큼 너무도 버겁다. 웃으며 학생들을 만나고 즐겁게 생활하고 싶은데 현실은 그렇지 않다. 정말 녹록지 않다. 학생들은 점점 제멋대로인데 가정과 사회에서는 학교에서 교사가 모든 것을 해주길 기대한다. 교사는 만능이 아니다. 무에서 유를 창조할 수도 없다. 왜 가정과 사회의 몫까지 교사에게 전가하는지. 학생이 문제가 생기면 왜 학교 탓을 하는지, 교사가 무능하다고 하는지.

교사는 외롭다. 세상 사람들은 교사의 삶을 잘 모른다. 교사에게 너무 많은 것을 요구한다. 교사가 힘들다고 하면 다들 비웃는다. 퇴근 시간도 빠르고 특히 방학 때 놀면서 돈 버는 직업인데 뭐가 힘드냐고 비웃는다. 가끔은 비꼬기까지 한다. 교사의 힘듦은 교사만이 안다. 우리끼리라도 힘듦에 대해 공감해주면 좋겠다.

다른 사람들 눈치 보지 말고 자기 자신을 위한 쉼을 즐기자. 오늘 하루도 괜찮다고 위로하자. 서로를, 우리를, 그리고 나 스스로를 위로하자.

> 세상 사람들 모두 정답을 알긴 할까
> 힘든 일은 왜 한 번에 일어날까
> 나에게 실망한 하루
> 눈물이 보이기 싫어
> 의미 없이 밤하늘만 바라봐
> 작게 열어둔 문틈 사이로
> 슬픔보다 더 큰 외로움이 다가와 더 날
> 수고했어 오늘도
> 아무도 너의 슬픔에 관심 없대도
> 난 널 응원해, 수고했어 오늘도
> (중간 생략)
> 수고했어 오늘도
> 아무도 너의 슬픔에 관심 없대도

난 늘 응원해, 수고했어 오늘도
_ 옥상달빛, '수고했어 오늘도'

오늘 하루 정말 고생 많았다.
수고했다, 오늘도.

2장

/

그림책, 교사에게 말을 걸다

수업에 대한 희망의 끈을
놓지 않는다면

교사에게 수업은 정말 중요하다. 수업을 통해 희로애락을 가장 많이 느낀다. 수업이 잘 되는 날이면 하늘을 나는 듯한 기분이 든다. 교사로서의 자존감이 올라간다. 반면에 수업이 안 된 날은 종일 우울하고 짜증이 난다. 교사라는 직업이 내게 어울리는지 깊은 고민까지 하곤 한다. 그럴 때면 교사로서의 자존감마저 무너지면서 정말 괴롭다.

물론 교사에게 수업 말고도 중요한 것이 많다. 학생들과 일상에서 만나고 학급을 운영해야 한다. 학부모, 동료 교사와 잘 지내야 하고 행정업무도 잘해야 한다. 수업이 아닌 다른 부분에서는 부족함을 느껴도 자존감이 떨어지지는 않는다. 학생들과 좋은 관계를 맺지 못하거나 업무를 잘하지 못하면 부족함을 느끼긴 하지만, 막연히 앞으로 채워나갈 수 있다는 생각에 그리 힘들지는 않다. 그런데 수업을 못 한다는 생각이 들 때, 내 수업이 아이들에게 지루하게 느껴지며 배움을 주지 못한다고 생각할 때면 교사로서의 자질이 있는지 의심하게 된다.

애석하게도 수업에서 좌절감을 느끼는 교사가 많다. 교사를 가장 행복하게 하는 게 수업인데, 하루에 적어도 4시간 이상 수업을 통해 아이들을 만나는데, 매일매일 좌절감을 느끼며 살아가는 교사가 주변에 정말 많다. 이는 다름 아닌 내 이야기이기도 하다.

교직에 들어서고 2년 차까지는 아무것도 모른 채 수업을 했다. 그저 아이들에게 많은 것을 가르쳐야 한다는 생각으로 내가 가진 지식을 전해주려고 열정적으로 수업을 했다. 일방적인 주입식 수업은 한계가 있었다. 우선 내가 지쳐갔다. 지식 전달 강의식 수업으로 더 이상 아이들의 관심과 시선을 끌지 못하게 되자 아이들은 내 수업에 흥미를 잃어 갔다.

열심히 수업 내용을 전달하지만, 수업에 참여하는 학생은 거의 없었다. 심지어 많은 학생이 잠을 잤다. 아무리 깨워도 5분이 지나면 다시 엎드렸다. 학생들의 잠을 깨우는 유일한 방법은 재미있는 동영상을 틀어주는 것이었다. 수업 내용과 관련 있다는 이유로 찾은 각종 예능 프로그램과 영화 등을 보여줄 때면 학생들은 잠들지 않고 깨어 있었다. 내 이야기는 듣지 않는 학생들에게 어쩔 수 없이 동영상을 보여주고 웃음을 짓는 학생들의 모습을 보면서 나름대로 위안을 삼아 보지만 그것도 잠깐이었다. 자괴감은 더욱 커져만 갔다. '아, 내가 왜 그 힘든 공부를 하고 교사가 되었을까?', '내 능력이 이 정도밖에 안 되나?' 이런 자괴감으로 하루하루를 보내고 있던 시절, 학교 가는 길이, 교실에 들어가는 길이 너무나도 두려웠다. 오늘은 또 어떻게 하루를 견디어 내야 하는지 어디론가 멀리 도망치고 싶었다. 그림책 『빨간 나무』의 아이처럼.

하루가 시작되어도 아무런 희망이 보이지 않는 날이 있다는 아이. 모든 것은 나빠지기만 한다. 어둠은 밀려오고 아이의 외침은 누군가에게 전달되지 않고 어디론가 사라진다. 아무도 아이를 이해하지 못한다. 아이는 자신을 이해하지 못하는 세상이 원망스럽기만 하다. 좋은 일이 생기기를 기다리지만, 안 좋은 일들이 한번에 터진다. 세상의 아름다운 것들은 아이를 멀리하기만 하니 아이의 일상에는 암흑만 존재한다. 자신이 누구인지, 어디

빨간 나무
숀 탠 글·그림, 풀빛

로 가야 할지 몰라 당혹스럽다.

그러나 이런 상황에서도 아이는 작은 희망을 놓지 않는다. 아이의 희망은 빨간 나뭇잎으로 표현된다. 모든 장면에 빨간 나뭇잎 한 장이 그려져 있다. 아무리 힘들고 어려운 삶일지라도 희망의 끈을 놓지 말아야 한다는 작가의 메시지가 담겨 있다. 그래서 그런지 어둡고 절망적인 상황을 표현하는 장면마다 빨간 나뭇잎이 유난히 빛이 난다.

『빨간 나무』의 아이처럼 나도 칠흑 같은 어둠 속을 헤매고 있었지만, 한편에는 작은 희망을 놓치지 않았다. 언젠가 수업다운 수업을 할 수 있을 것이라는 작은 바람과 믿음을 마음속 깊은 곳에 간직하고 있었다.

수업 때문에 좌절감을 느끼던 그 시절, 숨 쉴 틈 없이 이어지는 업무는 나의 숨을 더 조였다. 연구학교 업무, 시범학교 업무, 성적 업무, 연수 업무까지, 2년 차 교사가 담당하기에는 너무 힘들었다. 특히 그 해는 40명 가까이 되는 전체 선생님들이 한 번씩 수업 공개를 해야 했다. 내가 연수 업무 담당자라는 이유로 수업 촬영, 수업이 끝난 후 이어지는 협의회 참석, 협의록 작성까지 해야 했다. 수업이 끝나자마자 교무실로 달려가서 촬영 장비를 챙기고 수업 공개 교실에 가서 카메라 세팅, 수업 지도안 등을 준비해놓아야 했기 때문에 쉬는 시간조차 제대로 쉬지 못하는 경우가 많았다.

그렇게 하루하루를 보내던 중, 동료 선생님의 수업을 참관했다. 선생님은 아이들을 찬성과 반대 입장으로 나누고 신문 자료를 나눠준 다음 기사 내용을 바탕으로 아이들의 의견을 묻고 반대 의견도 제시하게 하는 토론식 수업을 진행했다. 지금 생각해보면 그리 세련되지 않은 형태의 수업이었지만, 그때 나는 큰 충격을 받았다. 그때까지만 해도 학교의 거의 모든 선생님이 수업 도입 부분에서 영상자료를 제시하고, 평소에는 하지 않는 모둠 수업을 진행하고, 모둠별로 발표 후 마무리하는 형태의 수업을 했다. 그날 동료 선생님의 수업을 보면서 토론 수업이 내 교직 인생의 새로운 전환점이 될 거라는 기대감과 확신이 들었다.

그 후 토론 공부를 시작했다. 토론을 처음 배우던 시절, 너무나도 행복했다. 토론에 대한 모든 것이 내겐 새로웠지만, 한 가지 다짐한 것이 있었다. '배운 것은 바로 실천한다.' 배운 것을 실제 적용해봐야 내게 맞는 방법을 찾을 수 있을 것 같았다. 그렇게 배운 것을 실천하면서 아이들과 소통하며 생각을 길러주는 수업을 할 수 있게 되었다. 지금은 학교 가는 길, 수업하러 가는 길이 그리 힘들지 않다. 오늘은 또 어떤 이야기가 오고 갈까 기대가 된다. 과묵한 남학생이 수업이 끝난 후 "수업 재미있네"라고 혼잣말을 하는 것을 듣고 교사로서 행복감을 느낄 때도 있다. 수업이 잘 되지 않아 힘들었을 때 포기하지 않고 더 나은 미래를 꿈꾸었기 때문에 일어난 변화이다.

나와 같이 희망을 잃지 않고 힘든 시기를 보내던 『빨간 나무』의 아이에게는 어떤 일이 일어났을까? 아이 방을 작게 비춰주던 빨간 나뭇잎이 한 그루의 나무로 밝게 빛나게 되었다. 아이는 그 모습을 웃는 얼굴로 지켜본다. 이제 곧 그 아이의 삶도 밝게 빛날 것이다.

수업에서 자존감을 잃고 불행을 느끼는 교사가 너무나도 많다. 마치 오아시스가 없는 사막을 걷고 있는 기분일 것이다. 하지만 오아시스가 나를 기다리고 있다는 믿음을 지니고 빨간 나뭇잎 한 장을 마음속에 품고 있다면, 누구나 자신만의 오아시스를 찾을 수 있다.

수업의 정도는 없다. 수업 준비를 똑같이 해도 들어가는 반의 학생들 성향에 따라서 전혀 다른 수업이 되곤 한다. 교사는 수업 때문에 매일 좌절하기도 하고 기뻐하기도 한다. 교사를 그만둘

때까지 매일 겪어야만 하는 일이다. 나는 토론 수업이라는 희망을 발견했지만, 수업은 여전히 어렵다.

작년에 순회 수업을 하게 되었다. 순회 수업을 하는 학교는 경제적으로 낙후된 공단 지역에 있었다. 공단 지역에 외국인 근로자가 많기 때문에 한 학급에 5명 내외의 다문화 학생이 있었다. 다문화 학생들은 의사소통이 원활하지 않아서 수업에 잘 참여하지 못했다. 거기에다가 나머지 학생들은 수업을 전혀 듣지 않았다. 잠을 자거나 친구들과 떠드는 것이 일상이었다. 수업을 듣는 학생은 한두 명에 불과했다. 이 학생들을 일주일에 한 번 만나면서 매번 좌절했다. 그동안 나름 학생중심, 배움중심 수업을 한다고 자부해왔는데 무참히 깨졌다. 변화 속에서 발전이 필요한데 나태하고 게으른 성격 탓에 잘 되었던 예전 수업 그대로를 적용하다가 실패했다. 새롭게 수업을 구상하고 적용해도 학생들은 떠들기만 할 뿐 전혀 반응하지 않았다.

어둠 속에서 발견한 희망을 품고 키워나가야 하는데, 아직 잘하지 못하고 있다. 하지만 이대로 계속 가다가는 다시 어둠 속에서 헤매게 될 것이라는 걱정도 앞선다. 모든 수업에서 학생들의 반응이 좋을 수는 없겠지만, 그래도 참 괜찮은 수업을 하는 교사로 학생들에게 기억되고 싶다.

교사는 전문가다. 전문가로서 교사가 지녀야 할 첫 번째 능력은 수업을 잘하는 것이다. 의사는 경력이 쌓일수록 전문가로서의 권위를 인정받는데, 교사는 경력이 쌓여도 수업의 전문가로서 인정을 받지 못하는 경우가 많다. 이런 현실이 안타깝다. 교사가 나태하기 때문일까? 그렇지 않다. 내 주위에는 수업을 개선하기 위해 정말 많은 노력을 기울이고 있는 교사가 많다. 그런데 왜 수업에서 어려움을 겪을까? 의사는 동일한 질병에 대해 동일한 치료를 반복적으로 행하기 때문에 경력이 쌓이면 치료에 능숙해질 수 있다. 하지만 교사는 다르다. 교사는 매해 새로운 학생들을 만난다. 같은 학생이라 해도 어제와 오늘이 다르다. 그래서 수업은 항상 새롭다. 새로운 학생들과 새롭게 만들어가야 하기 때문에 늘 같을 수 없다. 더욱이 교사는 수업에서 여러 명을 만나야 한다. 일대일로 만난다면 다르겠지만, 여러 명의 학생과 수업을 만들어간다는 것은 정말 어렵다.

교사는 위대하다. 그 어려움 속에서도 교사는 늘 새로움을 창조한다. 오케스트라를 지휘하는 지휘자처럼 학생들의 생각을 엮어내면서 매번 다른 수업을 만들어간다. 우리 교사는 이렇게 어려운 일을 해내고 있다. 그러니 가슴 펴고 당당하게 살아가자. 주눅 들지 말고 당당하게.

그래요 난 난 꿈이 있어요
그 꿈을 믿어요 나를 지켜봐요
저 차갑게 서 있는 운명이란 벽 앞에
당당히 마주칠 수 있어요
언젠가 나 그 벽을 넘고서
저 하늘을 높이 날을 수 있어요
이 무거운 세상도
나를 묶을 수 없죠 내 삶의 끝에서
나 웃을 그 날을 함께해요
_ 카니발, '거위의 꿈'

수업에 대한 희망의 끈을 놓지 않는다면 우리 모두는 수업의 전문가이다.

교사는 수업으로 세상을 변화시키는 위대한 존재다

최근 들어 토론, 비주얼싱킹, 거꾸로수업, 배움의 공동체 등 정말 다양한 수업 방법이 주목을 받고 있다. 교사들은 자기에게 알맞은 방법을 찾기 위해 열심히 연수를 듣기도 하고 책을 읽고 공부하면서 수업에 적용하고 있다. 각자 다양한 형태의 수업을 하는 교사들과 만나서 이야기를 나누다 한 가지 사실을 발견했다. 수업 형태는 다르지만, 대다수 교사의 수업 목적은 거의 동일했다.

교사들이 바라는 수업은 어떤 수업일까? 대부분의 교사는 생각하는 힘을 기르는 수업이라고 답한다. 그 이유는 교사가 학생들에게 단순히 지식을 전달하는 시대는 끝이 났기 때문이다. 이제는 지식을 많이 아는 것보다 알고 있는 지식을 삶의 현장에서 상황에 맞게 적용하고 실천하는 것이 중요하다. 적용하고 실천하기 위해 필요한 것이 생각하는 힘이다. 생각을 잘할 수 있어야 상황에 맞는 합당한 판단이 가능하고 적절한 행동으로 실천할 수 있다.

> 모든 진리를 가지고 나에게 오지 말라.
> 내가 목말라한다고 바다를 가져오지는 말라.
> 내가 빛을 찾는다고 하늘을 가져오지는 말라.
> 다만 하나의 암시, 이슬 몇 방울, 파편 하나를 보여 달라.
> 호수에서 나온 새가 물방울 몇 개 묻혀 나르듯
> 바람이 소금 알갱이 하나 실어 나르듯.
> **_ 올라브 H. 하우게, '모든 진리를 가지고 나에게 오지 말라'**

모든 진리를 학생에게 전하려고 하지 않아야 한다. 학생들이 정답을 알려달라는 요구를 그대로 받아들여서는 안 된다. 학생들이 스스로 답을 찾고 배울 수 있도록 하나의 암시를 주면 될 일이다. 학생들은 문제를 해결하기 어려울 때 혼자서 궁리해보려고 하지 않는다. 교사가 답을 알려줄 때까지 생각을 멈춰버린다. 더 큰 문제는 교사의 답이 진리라고 쉽게 생각해버린다. 교사와 다른 생각은 옳지 못하다고까지 생각하는 경우가 많다. 교사가 나와 다른 의견을 갖고 있으니 어느 의견이 더 타당한지 따져볼 생각은 전혀 하지 않는다. 그러니 교사가 일방적으로 말하고 학생은 듣기만 하는 수업이 되어 버린다.

최근에 들었던 한 연수에서, 수업에서 교사가 암시를 주는 것보다 더 중요하고 의미 있는 것을 배웠다. 강사 선생님이 이런 말을 했다.

"좋은 수업은 좋은 교사가 하는 수업이다.
좋은 교사는 잘 배우는 교사다."

공감이 많이 가는 말이다. 더 이상 교사는 지식의 전달자가 아니다. 학생과 함께 배움을 추구하는 공동탐구자이다. 학생과 함께 배움을 추구하는 교사가 되어야 한다. 학생과 동등한 입장에서 서로 대화하고 토론하면서 배움을 추구해야 한다. 교사가 이런 태도일 때 학생들이 생각할 틈이 생긴다. 교사가 말하는 내용도 정답이 아닐 수 있음을 알게 되어서 자기 생각을 펼칠 수 있게 된다.

학생들의 생각하는 힘을 길러주기 위해 난 토론 수업을 한다.

학생들과 토론을 통해 더 나은 답을 찾아가는 수업을 한다. 토론 수업을 열심히 하던 어느 날 학생으로부터 질문을 받았다.

"선생님, 토론은 왜 하는 거예요?"

질문을 해준 학생에게 고마움을 느끼며 대답을 했다. "토론으로 너희의 생각하는 힘을 길러주려고"라고 말을 마쳤다. '이제는 학생들이 토론 수업에 대해서 좀 더 호의적인 마음이 생기겠지'라는 마음이 들었다. 그런데 학생 중 한 명이 질문을 했다.

"선생님, 생각하는 게 뭐예요? 생각한다는 게 어떤 것인지 정확히 모르겠어요."

이 질문에 난 바로 대답을 할 수 없어 순간 당황했다. 매 순간 우리는 생각을 하며 살고 있으며, 그동안 수업 시간에 생각하는 것의 중요성을 강조해왔는데, 생각한다는 것이 무엇인지 말로 설명하려고 하니 아무 말도 나오지 않았다.

"생각하는 게 무엇인지 같이 생각해보자"라는 말로 일단 그 순간을 넘겼다. 수업을 마치고도 '생각하는 것이 무엇일까?'라는 질문이 한동안 머릿속을 떠나지 않았다. 이 질문에 답을 찾기 위해 고민하는 것도 생각하는 것인데, 생각이 무엇인지 정의하려고 하니 도저히 정의를 내릴 수 없었다. 생각이 뭘까? 생각한다는 것은 무엇일까? 생각을 더 잘한다는 것은 무엇일까?

그림책 『생각』은 이보나 흐미엘레프스카의 작품이다. 이보나 흐미엘레프스카는 철학적이고 사색을 많이 할 수 있는 그림책 작업을 하기로 유명하다. 『생각』뿐만 아니라 『문제가 생겼어요』, 『네 개의 그릇』, 『두 사람』 등 그녀의 작품은 생각할 거리를 많이 던져준다. 그중에서 『생각』은 생각한다는 것이 무엇인지에 대해 철학적으로 접근한다. 이보나 흐미엘레프스카는 『생각』에서 생

생각
이보나 흐미엘레프스카 글 · 그림
논장

각한다는 것을 다음과 같이 설명한다.

생각은
머릿속에서 뭉게뭉게 피어나는 연기 아닐까?

그럴지도 몰라.
아무것도 없는 것에서 무언가 생각해 내는 건
연기에서 새로운 모양이 나타나는 것 같아.

생각은
끝없는 하늘로 열린 창 아닐까?

그럴지도 몰라.
무언가 겨우 생각해 냈을 때는
해가 뜰 때처럼 머릿속이 환해지잖아.

이 외에도 지나간 일들이 비치는 신비한 거울, 그림과 이야기가 가득한 아름다운 책 등에 비유하여 설명하고 있다. 마치 한 편의 아름다운 시를 읽는 듯하다. 거기에 더해 생각한다는 것에 대해 생각해볼 수 있게 해준다.

그림책 『생각』을 읽고도 생각이 무엇인지 명료하게 이해되지 않았다. 국어사전을 찾아보았다.

1. 사물을 헤아리고 판단하는 작용
2. 어떤 사람이나 일 따위에 대한 기억
3. 어떤 일을 하고 싶어 하거나 관심을 가짐. 또는 그런 일

국어사전 정의를 봐도 명확하지 않아서 답답했다. 두루뭉술한 설명이라고 할까. '생각은 이거다'라고 답할 수 없어서 답답했다. 그러던 어느 날 한 통의 메일을 받았다. 예전에 우연히 가입했던 인터넷 카페에서 보낸 자율연수를 홍보하는 메일이었는데 눈에 확 들어왔다. 생각함이 무엇인지 알고 싶은 교사, 학생들의 생각함을 기르는 수업을 하고 싶은 교사를 위한 연수라는 것이다. 이 연수는 철학적 탐구공동체 연수였다. 철학적 탐구공동체라는 말을 생전 처음 들어봤지만, 그것은 중요하지 않았다. 생각하는 힘을 기르게 하는 수업에 대해 배울 수 있다는 기대에 망설임도 없이 신청했다.

철학적 탐구공동체에 대해 전혀 아는 것이 없었지만, 생각하는 수업을 잘하고 싶다는 욕심에 연수를 신청했고 듣고 보니 참 매력 있었다. 철학적 탐구공동체는 어려운 철학을 공부하는 것이 아니라 철학함을 실천한다. 인간의 삶의 의미와 가치 등에 대해 깊이 있게 고민하고 성찰한다. 현실 문제를 바탕으로 다양한 사람들이 모여 서로 배려하고 존중하면서 철학적 대화를 통해 공동체의 문제에 대해 더 나은 합당한 판단을 한다.

내게 더 매력적으로 다가온 것은 철학적 탐구공동체에서는 생각을 좀 더 명료하게 정의를 내린다는 점이다. 철학적 탐구공동체에서 말하는 생각은 여러 개의 작은 정신적인 움직임으로 구성된다. 이를 사고기술, 정신 동작, 생각톱니 등으로 표현한다. 이는 생각의 기본적인 단위이며 생각을 움직이는 도구이다. 이런 구성 요소들을 잘 활성화시켰을 때 생각을 잘할 수 있다. 질문 만들기, 공통점과 차이점 찾기, 상상하기, 감정 고려하기, 분류하기, 비교하기, 비유하기, 이유 찾기, 추리하기 등이 생각의 기본 단위다. 이런 생각의 기본적인 단위들이 사용될 때 우리는 생각한다고 할 수 있다.

생각의 구성 요소가 있다고 배우고 나니 조금 명료해졌다. 생각한다는 것은 막연하게 무언가를 떠올리는 것이 아니었다.

생각이 무엇인지에 대해 어느 정도 이해를 하게 되니 그다음 질문이 나를 괴롭혔다. 수업의 목표는 학생들이 생각을 잘하게 하는 것이라고 생각했는데, '과연 수업의 목표가 생각을 잘하게 하는 것일까? 학생들이 생각을 잘하면 그걸로 끝일까?' 하는 의문이 들었다. 생각을 잘하게 만들었다면 그다음 무엇이 있어야 할 것 같았다. 생각을 잘한다는 것은 수단에 해당하는 것이고 생각을 잘하는 것을 통해 해야 하는 무언가가 필요하다고 느꼈다.

소년에게 생각이 다가온다. 소년은 이 생각이 왜 자신에게 왔는지 조금 호기심이 생겼지만, 금방 사라질 것 같아 신경 쓰지 않

'생각'으로 무엇을 할 수 있을까?
코비 야마다 글, 매 베솜 그림
주니어예벗

그 순간, '생각'으로 무엇을 할 수 있을지 깨달았어요.

바로

세상을 바꾸는 거예요.

앉다. 생각은 소년을 따라갔다. 소년은 사람들이 생각에 대해 어떻게 생각할지 걱정이 되어 깊숙한 곳에 숨겨놓고 생각과 함께 즐거운 시간을 보낸다. 시간이 흐르면서 생각은 자랐고 소년과 생각은 친구가 된다. 사람들에게 보여주기가 무서웠지만, 소년은 용기를 내어 사람들에게 생각을 보여준다. 하지만 돌아오는 건 사람들의 무시였다. 낙담한 소년은 생각을 포기할까 고민하지만, 남들의 의견이 중요한 것이 아니라는 점을 깨닫고 생각과 함께 시간을 보낸다. 생각과 함께 지내면서 생각을 통해 많은 것을 배운 소년은 결국 생각으로 무엇을 할 수 있을지 깨닫는다.

그것은 바로 세상을 바꾸는 것이다.

생각을 잘하는 학생들을 키우고 그 학생들이 세상을 좀 더 아름답고 살만한 세상으로 바꿀 수 있게 도와주는 것이 수업의 진정한 목표가 아닐까? 너무 큰 꿈일지 모르겠지만, 이 정도의 꿈을 꾸어야 하지 않을까? 교사가 수업하는 것은 세상을 바꿀 학생들을 키워내는 엄청난 일이 아닐까?

교사는 수업으로 세상을 변화시키는 위대한 존재다. 난 매일 세상을 변화시킬 학생들을 가르치고 있다. 내 가르침으로 세상을 좀 더 아름답게 만들고 있다고 생각하니 벅차다. 수업하러 가는 발걸음이 무겁지만은 않다.

제왕적 교사였던
나를 반성하며

교사가 되고 나서 새롭게 알게 된 사실이 있다. 내가 욕을 잘 한다는 것이다. 교사가 되기 전까지 욕을 해본 적이 없었다. 친구들 사이에서 욕을 하면서 친밀함을 표현하는 것을 경멸하던 나였다. 주변에서 욕이 들리면 '저 사람은 인격이 참 부족하구나'라고 생각하던 나였다.

그러던 내가 교사가 되고 나니 수도 없이 욕이 나왔다. 수업 시간에 떠드는 학생들을 향해, 종례 시간에 집중하지 않는 학생들을 향해, 내 말을 듣지 않고 제멋대로 행동하는 학생들을 향해 거침없이 욕이 나왔다. 처음에는 스스로 많이 놀랐다. '내가 원래 이런 사람이었나' 하는 자책도 많이 했다. 그런데 욕하는 횟수가 점점 늘어나면서 부끄러움도 그만큼 줄어들었다.

교사 초창기에 친절한 말투를 사용하면 학생들은 내 말을 듣지 않았다. 그런데 욕을 하면 신기할 정도로 내 말에 집중하며 통제가 되었다. 학생들이 얄밉기도 했지만, 내 말에 바로 반응한다는 사실이 나를 더욱 욕을 하는 교사가 되게 했다. 학생들의 아주 작은 행동도 마음에 들지 않으면 거침없이 욕을 하며 학생들을 내가 원하는 대로 행동하도록 통제했다. 조금만 인내하고 기다려주면 될 일인데도 그러지 못했다. 욕설과 함께 거친 행동으로 학생들이 내 말을 따르게 했다. 돌이켜보면 너무나도 부끄럽지만, 그 당시는 학생들을 잘 통제하는 교사가 유능한 교사라고 생각했다. 체벌이 허용되던 시절이었다.

선배 교사로부터 항상 듣던 얘기가 있었다. 학기 초에, 최소한 3월까지는 웃지 말고 무서운 표정으로 학생들을 대해야 한다는 것이다. 초장에 학생들을 잡아놔야 일 년이 편하다는 말을 믿고 더욱더 무섭게 했다. 그 당시 난 그랬다.

난 명령하고 학생들은 복종했다. 아직 미성숙하고 어린 학생들은 교사의 말에 복종해야만 한다고 생각했다. 난 제왕적 담임이었다. 학생 위에 군림하는, 내 명령에 토를 달아서는 안 되는 그런 제왕 같은 존재였다. 학생들이 날 어떻게 보는지는 중요하지 않았다. 학생들을 잘 통제하는 내 모습을 주변 교사와 관리자에게 보이는 것이 더 중요했다. 학생이 아닌 교사들에게 잘 보이고 싶었다. 학생들을 휘어잡지 못하는 무능한 교사로 비치기 싫었다.

그림책 『아무도 지나가지 마!』에는 책의 주인공이 되고 싶은 장군이 등장한다. 장군은 부하에게 왼쪽 페이지에서 오른쪽 페이지로 아무도 지나가지 못하게 하라고 명령한다.

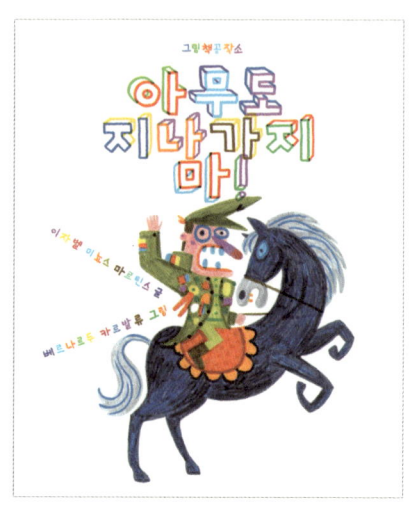

아무도 지나가지 마!
이자벨 미뇨스 마르틴스 글
베르나르두 카르발류 그림
그림책공작소

　명령을 받은 부하는 사람이건 동물이건 아무도 옆 페이지로 지나가지 못하게 한다. 장군은 책의 주인공이 되려면 자기가 제일 먼저 옆 페이지로 이동해야 한다고 생각했다.

　왼쪽 페이지에 있는 부하는 장군의 명령을 받들어 오른쪽 페이지로 아무도 건너지 못하게 막는다. 이후 수많은 사람이 찾아와 넘어가겠다고 한다. 그때마다 부하는 "장군님께서 언제든지 이야기에서 주인공이 될 수 있도록 오른쪽을 비워두라고 명령하셨습니다"라고 하며 어느 누구도 이동하지 못하게 한다.

　예전의 내가 떠올랐다. 나는 학급의 주인공이 되고 싶었다. 학급의 주인공은 학생들인데 학생들을 통제하면서 내가 돋보이고 싶었다. 주인공을 밀어내고 내가 주인공을 차지하려고 욕심을 부렸다. 장군의 명령에 복종하는 부하처럼 학생들은 내 말이라고 하면 어떤 경우에도 반드시 복종하길 바랐다.

　한번은 한 여학생이 교복 위에 사복 외투를 입고 있어서 외투를 벗으라고 했다. 여학생은 바로 벗지 않고 학교 규정에 외투를 입을 수 있게 되어 있지 않느냐고 되물었다. 바로 수긍하지 않는 여학생을 보고 있으니 화가 많이 났다. 여학생을 큰소리로 나무라기 시작했다. 여학생은 울면서 규정이 맞는지 학생부장 선생님에게 문의하겠다고 했다. 지금 생각하면 당연한 일이다. 규정이 맞는지, 혹시라도 내가 잘못 알고 있는 것은 아닌지 확인이 필요했다. 혹시 학생이 잘못 알고 있다고 하더라도 확인할 기회를 주는 것은 당연했다. 그런데 나는 담임교사가 말하는데도 믿지 않고 다른 선생님에게 규정을 확인하겠다는 여학생의 말을 받아들일 수 없었다. 나에 대한 반항으로밖에 여겨지지 않았다.

장군의 명령에도 사람들은 옆 페이지로 이동하는 것을 포기하지 않는다. 점점 많은 사람이 넘어가려고 찾아온다. 부하 군인은 끝까지 장군의 명령에 복종한다. 그러다가 어린아이가 찬 공이 우연히 옆 페이지로 넘어간다. 부하는 공을 찾고 오겠다는 아이의 요청은 거부할 수 없어 옆 페이지로 가게 한다. 아이가 넘어가자마자 수많은 사람이 옆 페이지로 이동한다. 그때는 부하도 사람들에게 어서 지나가라며 우리끼리 비밀로 하자고 한다. 사람들의 끊임없는 요청으로 길을 지키던 군인도 달라졌다.

이 사실을 안 장군은 말을 타고 달려와 명령을 어긴 부하를 잡아들이라고 한다. 하지만 사람들은 우리의 영웅이라면서 부하를 보호한다. 민심을 얻은 것이다. 그러자 장군을 따라온 군인들도 오른쪽 페이지로 넘어가고 왼쪽 페이지에는 주인공이 되고

싶었던 장군 혼자 남게 된다. 결국 장군은 다른 곳으로 떠나겠다고 생각을 한다.

예전의 나도 학급에서 혼자였다. 학생들은 담임교사인 나를 멀리했다. 심지어는 명령에 복종해야만 하는 상황이 싫어서 학생들끼리 담임 교체를 요구하려는 생각까지 했다는 사실을 나중에 알게 되었다.

그때 큰 충격을 받았다. 학생들과의 관계가 그다지 좋은 편은 아니었지만, 담임 교체까지 생각했다는 사실은 충격이었다. 교사로서의 삶을 되돌아보게 만든 일생일대의 사건이었다. 담임교사로서 학생들을 어떻게 대해야 하는지, 교사로서 어떻게 생활해야 하는지, 학생과의 관계는 어떻게 해야 하는지 등을 깊이 고민했다. 이대로는 안 될 것 같았다. 이대로 계속 명령만 하는 교사가 되어서는 안 될 것 같았다.

그림책 『돼지왕』에는 신하들을 자기 마음대로 부려 먹으며 나쁜 일을 일삼다가 외톨이가 되자 그제야 신하들의 마음을 얻고 싶어 하는 돼지왕이 등장한다. 학생들을 마음대로 통제하다가 담임 교체를 요구하려 했다는 것을 알고 나서 달라지려고 노력하는 나와 닮은 돼지왕이다.

돼지왕
닉 블랜드 글·그림
천개의바람

　돼지왕은 밤낮없이 양들을 부려 먹는다. 한밤중에 양들을 모두 깨워 자신의 옷을 만들게 한다. 양들의 삶은 전혀 고려하지 않는다. 돼지왕은 양들이 왜 자기를 싫어하는지 알지 못한다. 자기가 주인공으로 더 빛나고 싶은 마음에 자신을 위해 희생되는 양들의 상황을 살피지 못하고 있다. 오로지 자신만 생각하는 돼지왕이다. 돼지왕은 철저히 혼자다. 양들의 관심을 끌어보려고 하지만 양들은 돼지왕에게 관심을 주지 않는다. 제아무리 화려한 옷으로 치장해도 아무도 쳐다보지 않는다. 아무도 좋아하지 않는다. 그런 상황에 이르자 돼지왕은 울부짖는다. "도대체 내가 어떻게 해야 나를 좋아해 줄 거냐고!"

양들이 왜 자기를 좋아하지 않는지,
돼지왕은 도무지 알 수가 없었어.
양들은 언제나 불만투성이었어.
이것도 투덜투덜, 저것도 투덜투덜.

돼지왕은 이제 달라지려고 한다. 양들에게도 미안한 마음이 생긴다. 그래서 양들을 위해 착한 일을 한다. 돼지왕은 밤새워 일하며 양들에게 자신의 마음을 전달한 준비를 한다.

돼지왕이 밤새 준비한 것은 양들을 위한 옷이었다. 돼지왕은 고생해서 만든 옷을 양들에게 기쁜 마음으로 전해준다. 양들이 이제는 자신의 마음을 알아줄 것이라고, 자신의 노력을 알아줘서 고마워할 것이라고, 이제는 자신을 좋아해 줄 것이라고 생각한다. 하지만 양들은 돼지왕의 기대와는 전혀 다른 표정을 짓고 있다. 양들은 전혀 기쁘지 않다. 왜 그럴까?

돼지왕은 양들의 마음을 모른다. 양들이 무엇을 원하는지, 무엇을 좋아하는지에 대해 한 번도 듣지 않았다. 혼자서 지레짐작으로 결정한 것이다. 그저 양들이 옷을 좋아할 것이라고 생각했다. 양들의 마음을 모르고서는 제대로 위로할 수 없다. 양들에게 미안함을 표현할 때도 돼지왕은 자기중심적이다. 돼지왕의 가장 큰 문제는 자기중심적으로만 생각한다는 것이다.

학생들을 지시하고 통제의 대상으로 여기던 시절 난 돼지왕이었다. 학생들의 마음을 알려고 노력하지 않았다. 학생들이 무엇을 원하는지, 무엇을 좋아하는지 고민하지도 않았다. 학급도

완벽하진 않았어. 하지만 양들은 모두

앞으로 조금은 나아질 거라는 생각이 들었단다.

내 마음대로 운영했다. 학급에서 결정할 사항이 생길 때마다 교사인 내가 훨씬 더 좋은 결정을 내릴 것이라고 생각해 내 마음대로 결정했다. 그리고 학생들에게 통보했다. 학생들은 그것을 따라야만 했다. 가끔 학생들에게 과자나 아이스크림을 사주면서 학생들의 마음을 얻고 있다고 착각했다. 그때 난 철저히 혼자였다. 돼지왕처럼.

예전의 교사들은 대부분 학급운영을 그렇게 했다고 위안을 삼기도 했다. 10년 전만 해도 학생 중심 수업, 학생자치 등을 중요하게 여기지 않던 시절이라 교사는 지시하고 학생은 일방적으로 따라야 하는 것은 당연하다고 생각했다. 그때 난 주변의 교사들도 대부분 나처럼 학급운영을 한다고 위안을 삼았다. 주변 교사들도 크게 다르지 않았다. 학생들을 통제와 지시의 대상으로 여기며 학급운영을 했다.

혼자가 된 후 변화가 필요하다는 것을 절실하게 느꼈다. 이대로 계속 교사 생활을 해서는 안 될 것 같았다. 좀 더 괜찮은 교사, 학생들의 마음을 얻고 학생들과 함께 학급을 운영하는 교사가 되고 싶었다. 하지만 방법을 잘 몰랐다. 주위를 둘러봐도 별다른 해결책을 찾지 못했다. 답답했다. 정답이 아닌 줄 아는데 대부분의 교사가 교사 중심으로 학급을 운영하고 있으니 해답을 찾지 못하고 있는 상황이 답답했다.

돌파구를 찾기 위해 학급운영과 관련해서 책도 읽고, 각종 연수도 들었다. 일부 방법을 적용하기도 했지만 별다른 효과는 없었다. 연수를 들을 때는 모든 일을 해결할 수 있는 마법 상자 같았지만, 학생들에게 적용하면 효과가 나타나지 않았다. 한두 번 해보고 그만두기를 반복했다. 할 수 없이 여전히 큰소리를 내면서 억압적으로 학생들을 통제했다.

간절히 원하면 이루어지듯이 이런 상황이 계속되지는 않았다. 진심 어린 마음으로 학생들에게 다가갈 수 있게 해주는 방법을 찾게 되었다.

제왕적 교사에서
진정한 교사로

사람은 쉽게 변하지 않는다. 오랜 시간 동안 몸에 밴 성격이나 습관 등을 바꾸는 데는 시간이 필요하다. 돼지왕처럼 행동하는 담임교사의 모습을 탈피하기가 쉽지 않았다.

학생을 먼저 생각하고 학생들의 의견을 경청하는 교사가 되고자 노력했으나 매번 실패했다. 학생들에게 욕을 하는 것은 해가 갈수록 조금씩 줄어들었지만, 완전히 그만두지는 못했다. 학생들의 의견을 수렴하면서 학생 중심의 학급운영을 야심 차게 시도했으나 한두 달이 지나면 다시 원래대로 돌아갔다. 학생들의 의견은 맘에 들지 않았고 아무리 생각해도 내가 결정하는 게 더 나은 것 같았다. 그래서 결국 학생들에게 가까이 가지 못한 채 시간은 흘렀다. 중간에 담임교사를 하지 않고 보직교사를 몇 년 하다 보니 더욱더 담임교사로서 어떻게 해야 하는지에 고민하지 않게 되었다. 학교에서 학생들을 교육하고 있었지만, 나를 믿고 따르는 학생들이 거의 없었다. 외로웠다.

보직교사로 생활하고 있을 때 내가 속한 학교에서 회복적 생활교육을 전면적으로 받아들였다. 전 교사가 회복적 생활교육을 공부하고 실천하고 결과를 공유했다. 당시 나는 담임교사는 아니었지만, 함께 배우고 공유하는 과정에서 회복적 생활교육으로 학급을 운영한다면 이전과는 다르게 학급을 운영할 수 있을 것 같았다.

기존의 생활지도는 절대적으로 옳은 규칙을 잘 지키도록 훈련하는 것이 중요하고, 이 훈련을 위해 처벌이 필수적이라고 생각한다. 반면 회복적 생활교육은 규칙이 중요한 것이 아니고 '피해, 관계, 공동체'의 회복이 중요하다. 이 회복을 위해 스스로 깨닫고 기꺼이 변화함으로써 건강한 공동체의 일원으로서 살아가도록 교육시키자는 것이다. 응보적 처벌보다는 관계, 공동체의 회복을 중시한다. 자발적 책임을 통해 피해, 관계, 공동체, 정의가 회복되는 것이 진정한 '회복'이다. 잘못을 따져서 그에 합당한 처벌을 내리기 위해 에너지를 쓰지 말고, 문제가 생겼을 때 자발적으로 책임을 지게 함으로써 피해, 관계, 공동체, 정의가 회복되는 데 모든 에너지를 쏟자는 것이다.

_ 강현경, '회복적 생활교육으로 학급을 운영하다' 강의 중에서

이런 철학을 지니고 있는 회복적 생활교육을 접하면서 담임을 맡고 싶다는 생각이 들었다. 학급을 관계가 살아 있는, 마음으로 연결되는 평화로운 공동체로 만들고 싶다는 마음이 생겼다. 때마침 학교를 옮기게 되었고 중학교 3학년 담임이 되었다. 새로운 학생들을 맞이할 기대감이 생겼다. 하지만 한편으로는 내가 잘할 수 있을까 하는 불안과 걱정이 생겼다. 새롭게 옮기는 학교에서 적응하기도 쉽지 않은데, 오랜만에 담임을 맡는 내가 어떤 모습일지 궁금했다.

3월 2일 학생들을 만난 첫 시간에 첫 만남 신뢰서클을 진행했다. 처음 만나는 사이에서 관계의 어색함을 떨치고 학급 구성원으로서의 연대감을 키우는 활동이다. 학생들과 함께 교실 중앙에 동그랗게 앉고서 몸놀이로 분위기를 가볍게 하고 처음 만난 지금 느끼는 감정을 색깔로 표현해보도록 질문했다. 이후 우리 반이 어떤 반이 되면 좋겠는지, 그리고 자신들이 가장 중요하게 생각하는 가치를 선택하고 그 가치들로부터 '소통과 존중이 살아 있는 배려 공동체'라는 학급 철학을 정하는 활동까지 진행했다. 처음에는 학생들의 대답이 단답형으로 끝나 당황하기도 했지만, 어색함이 조금씩 사라지면서 분위기가 점차 좋아졌다. 끝마칠 때쯤 되니 모두들 처음 만난 어색함과 긴장은 사라지고 학생들은 엷은 미소를 머금고 있었다. 우리 모두에게 참 따뜻한 시간이었다.

성공적인 첫 만남 이후 학생들을 대하는 것에 자신감이 생겼다. 그동안 배운 회복적 생활교육을 학급운영에 실천하면 이전과는 다른 학급운영이 될 것이라는 확신이 생겼다. 무엇보다 이전과 달라진 점은 학생들의 이야기가 들리기 시작했다는 점이다. 예전에는 학생들의 말보다 내 의견이 더 중요했기 때문에 학생들의 말이 들리지 않았다. 새롭게 담임이 되면서 한 가지 다짐을 했다. 다른 것은 못하더라도 학생들의 이야기를 들어주는 교사가 되자는 것이었다.

학생들의 이야기를 잘 들으려고 하다 보니 신기하게도 학생들이 예뻐 보였다. 학생 개개인의 삶 이야기를 듣고 나니 뭉클했다. 겉보기에는 활발하지만 가정의 문제로 힘들어하는 학생, 친구 관계의 어려움으로 상처를 받고 있는 학생 등 저마다의 아픔에 공감이 되기 시작했다. 이전에는 그렇지 못했다. 문제가 생기면 문제만 해결하려 할 뿐 학생들의 마음을 헤아리는 데는 큰 관심이 없었다. 학생들의 이야기를 듣고 학생들이 예뻐지기 시작하니 자연스럽게 학생들을 대하는 내 눈빛도 따뜻해졌다. 우리 반 학생들이 좋았다. 성격상 대놓고 좋아한다는 표현을 하지는 못했지만, 내 마음이 전달된 것인지 학생들도 내게 따뜻하게 다가왔다.

아프리카의 어느 작은 마을에서 전사가 될 소년들을 가리는 축제가 열린다. 야쿠바는 전사가 되고 싶어 한다. 전사가 되기 위해서는 혼자서 사자와 맞서 싸우는 용기를 보여줘야 한다. 야쿠바는 골짜기를 건너고 언덕을 넘고 숲을 지나며 사자를 만나기 위해 걷고 또 걸었다. 마침내 사자를 만난다. 사자는 다친 상태였다. 사자는 야쿠바에게 이렇게 말한다.

네가 본 게 맞다. 난 피를 흘리고 있어. 사나운 적수를 만나 밤새 싸웠거든. 힘이 바닥났으니. 넌 손쉽게 날 해치울 수 있겠지. 자, 둘 중 하나다. 비겁하게 날 죽인다면, 넌 형제들에게서 뛰어난 남자로 인정받겠지. 만약 내 목숨을 살려 준다면, 넌 스스로 고귀한 마음을 가진 어른이 되는 거야. 대신 친구들에게서 따돌림을 받겠지. 어느 길을 택할지 천천히 생각해

야쿠바와 사자 1 : 용기
티에리 드되 글 · 그림
길벗어린이

도 좋아. 날이 밝기까지 아직 시간이 있다.

야쿠바는 사자를 해치지 않고 마을로 돌아가는 것을 선택했다. 빈손으로 돌아온 야쿠바는 전사가 되지 못했다. 친구들은 모두가 우러러보는 전사가 되었지만, 야쿠바는 가축을 지키는 일을 담당하게 된다. 이때부터 마을의 가축을 공격하던 사자들의 모습이 보이지 않게 된다. 그림책 『야쿠바와 사자 1: 용기』는 이렇게 끝이 난다.

그림책 『야쿠바와 사자』는 신뢰편으로 이어진다. 가뭄으로 인

야쿠바와 사자 2 : 신뢰
티에리 드되 글 · 그림
길벗어린이

해 사람과 동물이 죽어가고 있다. 사자의 왕 키부에는 사냥감을 구하기 위해 마을로 향한다. 키부에는 야쿠바가 살려줬던 그 사자다. 가축우리에서 물소를 지키고 있던 야쿠바와 키부에는 다시 마주한다. 마주한 둘은 서로 한눈에 알아본다. 물소를 간절히 원하는 키부에, 목숨을 걸고 물소와 부족을 지켜야 하는 야쿠바. 둘은 물러설 수 없어 충돌한다. 아주 격렬하게. 치열한 싸움은 밤새 이어진다.

하지만 둘은 서로를 이기고 싶지 않았다. 멀리서 보면 치열하게 싸우는 것처럼 보이지만, 실상은 키부에는 발톱을 세우지 않고 야쿠바를 살짝 건드리기만 했고 야쿠바도 창으로 제대로 찌르지 않았다. 서로를 존경하고 믿는 마음이 있어서 가능한 일이었다. 날이 밝고 사람들이 몰려오자 키부에는 돌아간다. 무슨 일이 있었냐는 사람들의 물음에 야쿠바는 "아무 일도…", "친구가 다녀갔을 뿐"이라고 대답한다. 키부에는 이제 물소 공격을 멈춘다. 며칠 뒤 키부에는 자신의 은신처 근처에서 야쿠바가 남기고 간 물소 반 마리를 발견한다. 키부에는 물소를 먹지 않고 그대로 놓아둔다. 야쿠바에게 짐이 되고 싶지 않았던 키부에는 그 지역을 떠나기로 결심한다.

야쿠바와 키부에는 서로를 존중했다. 말은 통하지 않아도 서로 마주 보는 눈빛만으로도 충분했다. 목숨과 생존이 걸린 상황에서도 서로의 믿음은 변하지 않았다. 담임교사와 학생 사이에 이런 신뢰가 있다면 얼마나 좋을까?

회복적 생활교육으로 학생들을 만나고 학급을 운영하면서 믿음과 신뢰가 있는 관계가 어떤 것인지 느낀 일이 있었다. 개인적인 사정으로 그해 10월에 휴직을 해야만 했다. 고등학교 입학을 앞둔 학생들을 두고 담임교사가 휴직을 하는 것은 말도 안 되는 일이다. 하지만 한 가정의 남편, 아빠로서 온전히 함께 있어야 하는 상황이 생겨서 어쩔 수 없이 휴직을 해야 했다. 마음이 좋지 않았다. 학생들을 버리고 혼자 떠나는 느낌이었다. 교사 생활 처음으로 진심으로 애정을 느낀 학생들이기에 휴직을 하기가 싫었다.

휴직을 한다고 학생들에게 말해야 하는 시간은 다가왔다. 마지막 종례를 앞두고 교실로 들어갔는데 학생들이 울고 있었다. 선생님 진짜 학교 떠나는 것이냐면서, 좀 전에 다른 선생님이 말씀해주셨다면서. 거짓말이죠 라면서. 학생들의 마음이 진심으로 다가왔다. 뭉클했다. 10년 넘는 교사 생활 동안 처음으로 나를 위해 눈물을 흘리는 학생들을 마주하니 감정이 올라왔다. 너무나 고마웠다. 내가 우리 반 학생들을 진심으로 좋아하고 애정을 갖고 대했더니 학생들도 진심으로 나를 대해준 것이다. 야쿠바와 키부에처럼 나와 우리 반 학생들은 서로 믿음과 신뢰를 쌓아오고 있었던 것이다. 그날의 학생들의 진심 어린 말과 행동은 아직도 잊히지 않는다. 내 교직 생활 중 가장 감동적인 장면으로 오랫동안 기억될 것이다.

나와 학생들 사이에 믿음과 신뢰가 쌓인 가장 큰 이유는 바로 내가 학생들의 이야기를 마음으로 들었기 때문이다. 예전에는 항상 내 판단이 옳다고 생각했다. 학생들 사이에 갈등이 생겼을 경우에도 내가 해결책을 제시했고 학생들이 받아들이게 했다.

이제 난 달라졌다. 있는 그대로의 상황을 직면하고 학생들이 어떤 감정인지, 무엇을 원하는지, 상대방이 어떻게 해주면 좋겠는지에 대해 먼저 들었다. 내가 판단하지 않고 학생들의 마음을 들어주고 공감해주었다. 그런 다음 해결 방법을 함께 고민했다. 그랬더니 한 여학생이 내게 "선생님은 우리 말을 들어준다는 점이 이전 담임선생님들과 달라요"라는 말을 하기도 했다.

> 사람이 온다는 건
> 실은 어마어마한 일이다.
> 그는
> 그의 과거와
> 현재와
> 그리고
> 그의 미래와 함께 오기 때문이다.
> 한 사람의 일생이 오기 때문이다.
> 부서지기 쉬운
> 그래서 부서지기도 했을
> 마음이 오는 것이다 – 그 갈피를
> 아마 바람은 더듬어볼 수 있을
> 마음,
> 내 마음이 그런 바람을 흉내낸다면

필경 환대가 될 것이다.
_ **정현종, '방문객'**

학생들이 내게 온다는 것이 실은 어마어마한 일이라는 것을 몰랐다. 최근에서야 정현종 님의 방문객이라는 시가 와 닿는다. 학생들과의 만남은 엄청난 일이다. 과거와 현재와 미래와 한 사람의 일생이 내게 오는 일이다. 더욱이 한 명이 아니라 여러 명이 오는 엄청난 일이다. 학생들의 마음은 부서지기 쉽다. 작은 일에도 큰 마음의 상처를 얻는다. 그 마음을 교사는 보듬어주어야 한다.

올해도 담임을 맡았다. 29명의 학생이 내게 왔다. 이제는 더 이상 학생들을 매일 학급에서 만나는 일이 두렵지 않다. 내 마음은 오늘도 학생들에게 향한다. 그래야 학생들의 이야기를 들을 수 있다. 그래야 학생들이 예뻐 보인다. 담임교사의 마음을 학생들은 본능적으로 알아차린다. 내가 사랑을 주면 줄수록 학생들은 내게 사랑을 돌려준다.

올해 우리 반 체육대회 반 티를 맞추는데 학생들이 직접 디자인을 했다. 학생들은 내가 양파껍질처럼 껍질을 까면 깔수록 새로운 면을 볼 수 있다고 한다. 나의 제일의 제자들이 되고 싶다

는 이미지로 디자인했다. 가운데에 내 얼굴을 그리고 '준호 껍질 1위'의 의미를 담아서 이렇게 만들었다. 예전에는 일 년을 함께 지내도 학생들과 거리감이 있었는데, 올해 새로 만난 학생들은 얼마 지나지 않았는데 많이 가까워졌다. 내가 변하니 학생들도 달라졌다.

학생들과의 관계 문제로 어려움을 겪는 교사가 참 많다. 생활교육, 학급운영의 문제로 교단을 떠나는 교사가 많아지고 있다. 학생들은 점점 말을 듣지 않고 자기 멋대로 행동해서 감당할 수 없을 때가 많다. 하루하루 견디면서 방학만을 기다리고 퇴직할 날만을 꿈꾸는 교사가 주변에 참 많다. 힘들다. 쉽지 않다. 학생들과 함께 더불어 지내기가 쉽지 않다.

잊지 말자. 인간은 선한 존재다. 학생들도 모두 착하고 여리고 선한 존재다. 학생들이 문제를 일으키는 것은 자신들의 마음을 알아달라고 신호를 보내는 것이다. 그럴 때마다 '또 시작이구나'라고 생각하지 말고 다가가 학생들의 마음을 들여다보자. 학생들과의 관계가 신기할 정도로 달라질 것이다. 학급에서 학생들을 만나기 두렵고 학급운영이 힘들다면 정답을 제시하거나 지시하려고 하지 말고 학생들의 삶의 이야기를, 감정을, 바람을 들어보자.

이제야 조금 교사가 되어가는 것 같다. 10년 교직 생활을 하고 나서야 이제 조금 진정한 교사가 되어가는 것 같다. 학생을 진심으로 사랑하며 학생과 마음으로 연결되는 진짜 교사가 되어가는 것 같다.

아무것도 해주지 못해 미안해

한 아이가 있다. 혼자 있기를 좋아하는 아이다. 다른 친구들과 대화를 하지 않고 혼자만의 세상에서 외롭게 살고 있는 아이다. 마음이 통하는 친구도 없다. 심지어 다른 친구들과 눈도 마주치지 않는다. 여러 친구와 같은 공간에 있는 것조차 힘들어한다. 아이에게는 친구들의 대화 소리가 소음으로 들린다. 소음을 피해 혼자만의 시간이 필요할 때면 아이만의 쉼터로 향한다. 아이만의 쉼터는 화장실이다. 지저분하고 더럽지만, 아이에게는 학교에서 유일하게 마음 편히 쉴 수 있는 곳이다. 마음이 편해질 때까지 화장실 바닥에 앉아 있는다. 마음이 편안해지면 다시 교실로 돌아온다.

영화나 드라마에서나 나올 법한 아이이지만, 교직 3년 차에 담임교사와 학생으로 만난 아이다. 아이와 소통이 되지 않았다. 처음에는 그저 어색해서 그러려니 했다. 시간이 지나고 친구들과 어울리면서 학급에 적응하고 나면 담임교사인 나하고도 대화가 될 줄 알았다. 더욱이 중학교 3학년이라 고등학교 입학과 관련해서 많은 대화를 나눌 것으로 생각했다. 그런데 한 달이 지나고 두 달이 지나도 달라지는 것이 없었다. 아이는 여전히 자기만의 세계에 머물러 있었다.

그런 아이를 보면서 가장 힘들었던 것은 그 아이를 위해 할 수 있는 일이 아무것도 없었다는 사실이었다. 말도 걸어보고 다정하게 다가가도 아이는 아무런 반응이 없었다. 내게 눈길 한번 주지 않았다. 아이는 내가 아무것도 하지 않고 자신을 그대로 내버려 두기를 바라는 것 같았다. 교사로서도 담임으로서도 이제 경력이 3년밖에 되지 않은 나는 무엇을 해야 할지 몰라 암담할 뿐이었다.

여기 또 다른 한 아이가 있다. 정리가 되지 않은 머리카락에 잔뜩 움츠린 어깨에 포갠 두 손까지. 얼핏 봐도 자신감이 부족하고 위축되어 있음을 알 수 있다. 아이는 혼자 있는 시간이 많지만, 텔레비전도 보고 장난감이랑 책, 갖고 놀 것도 많다고 한다.

난 혼자 있는 시간이 많아.

가끔은 엄마랑 놀이터에도 가고.

어쩌다가는 외식도 해.

그럴 때에는 정말 신이 나지.

가끔은 엄마랑 놀이터도 가고 외식도 해서 정말 신이 난다고 한다. 아이는 정말 신이 날까?

 엄마와 놀이터를 가고 외식을 할 때 아이의 시선은 다른 아이들을 향해 있다. 아이는 결코 혼자인 것을 좋아하지 않는다. 다른 아이들과 어울리고 싶어 한다. 이 아이는 존 버닝햄의 그림책 『알도』의 주인공이다.

 아이는 친구인 토끼 '알도'와 어깨동무를 하고 있다. 알도와 함께 있는 아이는 행복해 보인다. 미소를 짓고 있다. 아이가 외롭거나 친구들이 괴롭힐 때 알도는 언제나 아이를 찾아와 근사한 곳으로 데려가 둘만의 행복한 시간을 보낸다. 알도는 친구들과 어울리지 못하고 때로는 괴롭힘을 당하는 아이의 마음을 치유해준다. 무서운 잠에서 깨어 두려움에 떨고 있을 때도 알도는 언제나 곁에 있어 준다. 아이가 다시 잠들 때까지 곁에서 책을 읽어준다. 아이는 알고 있다. 알도가 언제나 자신 곁에 있을 수 없다는 것을. 자신에게 힘든 일이 있을 때면, 알도는 다시 찾아와 줄 것도 알고 있다. 아이는 외롭거나 두렵지 않고 세상을 살아갈 수 있다.

 교직 3년 차에 만난 아이에게 난 알도가 되어주고 싶었다. 아

알도
존 버닝햄 글·그림
시공주니어

이가 의지할 수 있는 대상이 되고 싶었다. 하지만 내게는 능력도 의지도 부족했다. 막연히 교사라면 학생들의 힘듦을 공감하고 친구가 되어야 한다는 생각만 했지 실천에 옮기지 못했다. 학기 초 소통을 시도했지만, 응답 없는 아이를 보면서 어느 순간 아이를 포기해 버렸다. '원래 그런 아이야. 내가 할 수 있는 것은 없어. 그대로 내버려두는 것이 아이를 위하는 일일 거야.' 지금 돌이켜 생각해보면, 너무나도 미안하고 부끄럽다. 그때 난 어리고 부족했다. 내가 아이를 놓아버린 순간, 부모와도 대화를 거의 하지 않는 아이는 학교에서든 가정에서든 정말 혼자였다.

아이를 포기하던 그때 처음이자 마지막으로 메일 한 통을 보냈다. 내 마음을 담은 노래를 전했다.

> 누구나 한 번쯤은 자기만의 세계로
> 빠져들게 되는 순간이 있지
> 그렇지만 나는 제자리로 오지 못했어
> 되돌아 나오는 길을 모르니
> 너무 많은 생각과 너무 많은 걱정에
> 온통 내 자신을 가둬 두었지
> 이젠 이런 내 모습 나조차 불안해 보여
> 어디부터 시작할지 몰라서
> **_ 임재범, '비상'**

아이가 이 가사를 보고 무엇을 느꼈는지 모른다. 다만 아이가 조금이나마 작은 위로라도 받았으면 하는 마음이었다. 지금이었다면 그림책 『알도』를 읽어주었을 것이다. 아이에게도 알도 같은 존재가 있기를 바라는 마음으로.

그 당시 아이에게 자신만의 알도가 있었기를 간절히 바란다. 험난한 세상에서 친구가 되어주는 알도가 있어야만 했다. 그래야 10년이 지난 지금 사람들과 어울리며 살아가고 있을 것이기 때문이다. 졸업을 하고 나서는 아이의 소식을 전해 듣지 못했다. 지금도 가끔 아이가 생각난다. 『알도』를 볼 때마다 많이 생각난다. 희한하게도 내가 기억하는 아이의 모습이 『알도』의 아이와 너무나도 많이 닮았다. 그래서일까? 처음 『알도』를 보자마자 아이가 떠올랐다.

『알도』의 아이를 볼 때마다 무력했던 내 모습이 떠올라 부끄럽다. 내가 만난 아이가 행복하게 세상을 살고 있기를, 곁에서 아이를 지켜주는 알도 같은 존재가 있기를, 더 이상 혼자만의 세계에 갇혀 지내지 않고 세상 속에서 친구들과 더불어 살아가고 있기를, 중학교 힘든 시절을 웃으며 돌이켜 볼 수 있는 여유가 생겼기를. 두 손 모아 희망한다.

아이에게 보내준 노래의 가사 뒷부분은 이렇다.

나도 세상에 나가고 싶어
당당히 내 꿈들을 보여 줘야 해
그토록 오랫동안 움츠렸던 날개
하늘로 더 넓게 펼쳐 보이며 날고 싶어

내가 만난 아이가 노래 가사처럼 세상에 나가 당당히 자신의 꿈을 보여주기를 희망한다. 그동안 오랫동안 움츠렸던 날개를 하늘로 더 넓게 펼쳐 보이며 날고 있기를 희망한다.

교사에게는 누구나 기억 속에 남아 잊히지 않는 학생들이 있다. 아무것도 해줄 수 없어서 너무나도 미안한 마음이 드는 학생이 있을 것이다. 그 학생을 생각할 때마다 부족하고 못난 과거의 나를 떠올리게 되는 학생이 있을 것이다.

교사가 처음부터 잘할 수는 없다. 수많은 경험을 통해 교사다운 교사가 될 수 있다. 그 과정에서 만난 학생들에게 난 부족하고 못난 교사였다. 지금 돌이켜보면 참 안타깝고 면목이 없다. 하지만 그 과정이 있었기에 지금의 내가 조금 더 나은 교사가 되었고 앞으로 더 나은 교사가 될 수 있는 것이다. 아무것도 해줄 수 없는 그 아이가 있었기에 학생들의 마음을 좀 더 들여다보고 마음에서 마음으로 전하는 방법에 대해 고민할 수 있었다. 이렇게 하나하나 배워나가면 된다. 천천히 배우고 익히다 보면 괜찮은 교사가 될 수 있지 않을까?

스스로의 힘으로 세상을 훨훨 날 수 있도록

뒤프레 부부는 완벽한 아이를 사기 위해 대형마트를 찾는다. 점원의 추천으로 구입한 바티스트는 완벽한 아이이다. 바티스트는 단 것은 이에 좋지 않다며 솜사탕을 먹지 않는다. 밥투정도 하지 않고 혼자서도 잘 놀고 일찍 잠을 잔다. 학교에서도 모든 과목을 잘한다. 심지어 아빠가 자신을 데리러 오는 것을 잊어버리고 한참이나 늦게 학교로 데리러 왔을 때도, 냉장고가 비어서 먹을 것이 없는 곤란한 상황에서도 바티스트는 투정 한번 부리지 않는다. 정말이지 모든 부모가 바라는 모든 요소를 갖춘 완벽한 아이이다. 뒤프레 부부는 바티스트를 보면서 만족해한다.

완벽한 아이 팔아요
미카엘 에스코피에 글
마티외 모데 그림
길벗스쿨

　그러던 어느 날 뒤프레 부부는 바티스트의 학교 축제 날을 착각한 나머지 바티스트에게 축제 의상을 입히고 등교시킨다. 그런 탓에 바티스트는 하루 종일 친구들의 놀림을 받는다. 화가 난 바티스트는 처음으로 부모에게 화를 낸다.

　이 모습에 놀란 뒤프레 부부는 대형마트의 고객센터를 찾아간다. 점원은 수리를 맡기겠냐고 물으면서 수리하는 데 시간이 조금 걸릴 것이라고 말한다. 그러고 나서 바티스트에게 새 가족이 마음이 드는지 물어본다. 바티스트는 이렇게 대답한다.

그리고 집에 들어서자마자…

"축제는 다음 주란 말이에요!
오늘은 단체 사진을 찍는 날이었다고요오오오오오오오오오오오!"

"… 혹시 저한테도 완벽한 부모님을 찾아 주실 수 있나요?"

『완벽한 아이 팔아요』는 마트에서 아이를 구입한다는 설정 자체가 황당하기 짝이 없지만, 다 읽고 나면 많은 생각을 하게 한다. 나는 내 학생들이 완벽하길 바랐다. 조그만 틈도 주지 않았다. 지각도 해서는 안 되고, 내 말에 집중해야 하고, 성적도 좋아야 하고, 생활 태도도 좋아야 했다. 학교생활의 모든 면에서 완벽하길 바라며 학생들을 지도했다. 바티스트의 부모가 바티스트에게 바랐던 것처럼.

그러면서 학생들의 마음은 조금도 고려하지 않았다. 완벽한 행동을 하던 바티스트의 마음은 어땠을까? 혹시 새로 만난 부모에게 잘 보이기 위해 온갖 노력을 했던 것은 아닐까? 원래부터 모든 것이 완벽한 것이 아니라 완벽해지기 위해 노력한 것은 아니었을까? 그 과정에서 스트레스가 쌓이고 쌓여 부모에게 화를 낸 것은 아닐까? 아마 나를 만났던 수많은 학생도 바티스트와 같은 마음이었을 것이다. 나에게 잘 보이기 위해 수많은 노력을 했을 것이다. 힘들게 학교생활을 했을 것이다. 모든 것에 완벽할 수는 없는데, 그것을 강요하는 교사와 함께 생활했으니 얼마나 힘들었을까.

그런데 나는 학생들에게 완벽한 교사였을까? 아니었다. 오히려 많이 부족한 교사였다. 학생들과 좋은 관계를 맺지도 못 하고, 욕도 자주 하고, 강압적이고, 학생들의 의견을 묻지 않고 내 마음대로 학급을 운영한 정말로 부족한 교사였다. 『완벽한 아이 팔아요』의 마지막 장면에서 "… 혹시 저한테도 완벽한 부모님을 찾아 주실 수 있나요?"라는 바티스트의 물음에 점원은 이렇게 답한다.

"완벽한 부모라고? 하하! 참 엉뚱한 생각이구나!"

완벽한 아이는 당연하게 생각하면서 완벽한 부모는 엉뚱한 생각이라니. 예전의 내 모습과 너무나 닮았다. '완벽한 교사라고? 하하! 참 엉뚱한 생각이구나!'라며 학생들을 대했으니 말이다. 학생들에게 완벽함을 요구하기 이전에 먼저 모범을 보여야 하는데 그러지 못했다. 학생들에게는 엘리베이터를 타면 안 된다고 하면서 나는 다리가 아프지도 않은데 타고 다녔다. 그런 나를 보며 학생들은 어떻게 생각했을까? 아마도 "… 혹시 우리에게도 완벽한 선생님을 찾아 주실 수 있나요?"라고 생각하지 않았을까?

돌이켜보니 부끄럽고 안타까울 따름이다. 하지만 교사로서 살아온 시간보다 살아갈 시간이 많아 다행이다. 지난 과거는 지금의 나를 돌아보는 거울로 삼고자 한다. 현재 나는 좋은 교사가 되려고 노력하고 있다. 이제는 달려지려고 한다. 학생을 대하는 태도를 바꾸려고 한다.

엄마랑 처음으로 떨어져 하룻밤을 보낸 아이를 기다리며 엄마는 오래전 기억이 떠오른다. 아이가 어렸을 때 엄마가 잠시라도 한눈판 사이 무슨 일이라도 생길까 봐 잠시도 아이 곁을 떠나지 않던 일, 엄마가 화장실에 들어간 것을 보고 엄마가 사라졌다고 생각해 아이가 목 놓아 울었던 일, 아이가 처음으로 캠프를

우리는 언제나 다시 만나
윤여림 글, 안녕달 그림
위즈덤하우스

떠난 날 아이가 엄마를 보고 싶어서 힘들어하지 않을까 걱정했던 일….

엄마와 아이는 그렇게 많은 시간을 함께 보내며 알게 된 사실이 있다. 오랫동안 떨어져 있어도 그 둘은 언제나 다시 만난다는 걸. 아이가 성인이 되어 멀리 떠나 오랫동안 떨어져 있더라도 각자의 삶에 충실하다 보면 꼭 다시 만난다는 걸. 마지막에 엄마는 이렇게 말한다.

사랑하는 아이야.
세상을 훨훨 날아다니렴.
날다가 힘들어 쉬고 싶을 때
언제든 돌아오렴.

엄마가 꼭 안아 줄게.

아이를 사랑하는 엄마의 마음이 고스란히 느껴진다. 『우리는 언제나 다시 만나』의 엄마는 아이를 사랑으로 대한다. 그러면서도 아이를 속박하지 않는다. 아이가 자기 뜻을 이룰 수 있도록 곁에 있을 뿐이다. 언제나 다시 만날 거라고 안심시켜 주면서 아이가 세상에서 훨훨 날아다닐 수 있도록 지켜봐 준다. 아이에게 엄마는 생각만 해도 의지가 되는 든든한 지원군이다.

 교사와 학생 사이도 이럴 수는 없을까? 모든 일에 완벽한 학생이 되길 강요하는 교사가 아니라 멀리서 지켜봐 주는 교사가 되고 싶다. 학생들이 힘들 때 의지할 수 있는 교사가 되고 싶다. 내가 바라는 모습으로가 아니라 학생이 되고자 하는 모습 그대로 성장할 수 있도록 지원해주는 교사가 되고 싶다. 의지가 되는 그런 교사가 되고 싶다. 이런 마음으로 학생을 대할 때 교사와 학생 사이의 진정한 관계, 즉 마음으로 연결되는 관계가 될 것이다.

 서커스에서 공연을 할 아기 사자가 비행기 사고로 낯선 도시에 떨어진다. 아기 사자는 모든 것이 낯설다. 지낼 곳이 없어 종이 박스에서 지내기도 한다. 그러던 어느 날 아기 사자는 세 명의 아이와 우연히 만난다. 세 명의 아이는 아기 사자를 무서워하지 않는다. 그리고 아기 사자가 들려주는 노래를 좋아한다. 아기 사자는 친구들에게 놀림을 받던 아이를 구해주기도 하고, 축구 경기에서 공을 대신 막아주기도 하고, 비를 맞고 있는 아이를 도와주기도 한다. 그렇게 아기 사자와 세 아이는 친구가 된다. 아기 사자는 친구가 된 세 아이 덕분에 낯선 도시 생활도 잘할 수 있게 된다. 많은 사람 앞에서 멋진 노래를 들려주면서.

너에게 난, 나에게 넌
송봉주 글, 안병현 그림
한솔수북

사자의 노래를 듣고 있는 세 아이의 모습이 환하게 빛나고 있다. 다른 관객들도 별처럼 빛나고 있다. 사자는 사람들에게 아름다움을 전해주고 있다. 아는 이 하나 없는 낯선 환경에서 어려움을 겪던 사자는 더 이상 없다.

세월이 흘러 20년이 지났다. 세 아이는 성인이 되었고 아기 사자는 흰 수염이 난 할아버지 사자가 되었다. 20년이 지났지만, 그들의 우정은 변함이 없다. 여전히 사자는 많은 사람 앞에서 노래를 부르고 성인이 된 세 아이는 가장 가까이에서 그 노래를 듣는다.

『너에게 난, 나에게 넌』은 '너에게 난, 나에게 넌'이라는 노래에 그림을 더해 만든 그림책이다. 아기 사자와 세 아이의 우정을 다루면서 따뜻한 노래 가사에 의미가 더해져 아름다운 그림책이 되었다.

> 너에게 난 해 질 녘 노을처럼
> 한 편의 아름다운 추억이 되고
> 소중했던 우리 푸르던 날을 기억하며
> 후회 없이 그림처럼 남아 주기를
> 나에게 넌 초록의 슬픈 노래로
> 내 작은 가슴 속에 이렇게 남아
> 반짝이던 너의 예쁜 눈망울에
> 수많은 별이 되어 영원토록 빛나고 싶어

참 아름다운 가사다. 교사와 학생이 이런 관계가 된다면 얼마나 행복할까? 그러려면 당연히 완벽한 학생을 기대해서는 안 될 것이다. 스스로의 힘으로 성장해서 세상을 훨훨 날 수 있도록 곁에서 지켜봐 주어야 하겠다.

내 남은 교직 생활에서는 학생과 이런 관계가 되기를 소망한다. 학생에게 한 편의 아름다운 추억이 되어 소중했던 푸르던 날의 한 장면으로 남고 싶다. 예쁜 눈망울을 반짝이던 학생들이 내 작은 가슴 속에 남기를 소망한다. 학생들의 예쁜 눈망울에 별이 되어 영원토록 빛나기를 소망한다.

빨간 벽 너머의
세상을 꿈꾸며

처음으로 발령받은 학교는 신설 학교였다. 학교도 나도 '처음'이라 모든 게 낯설고 어려움의 연속이었다. 특히 전체 16명의 교사 중에서 신규 교사가 10명이 넘었으니 학교가 제대로 운영되기 힘들었다. 서로 의지하면서 즐겁게 지내긴 했지만, 모든 게 처음이다 보니 교육활동을 어떻게 해야 할지 몰라 마치 바람이 부는 대로 출렁이는 파도와 같이 관리자가 시키는 대로 움직이기에 바빴다. 모든 일에 좌충우돌했다. 개인적으로도 그렇지만 학교도 어디로 향해야 하는지 몰랐다.

그런 가운데서도 1년, 2년이 지나면서 학교도 제 모습을 찾아갔다. 좌충우돌하면서도 학교를 만들어가고 있다는 사실이 재미있었다. 학교를 만들어가고 있다는 자부심도 생기고 뿌듯함도 커졌다. 하지만 제대로 된 학교를 만들어가고 있는지에 의구심은 늘 있었다. 제 모습을 찾아가는 학교가 모두가 바라는 학교인지에 대해서 선뜻 대답하기 어려웠다.

그렇게 5년이 흘렀고 학교를 옮겨야 하는 시기에 고민이 되었다. 주위의 모든 교사가 내게 교감 승진을 하려면 지역 가산점이 있는 공단 지역으로 가야 한다고 했다. 공단 지역으로 들어가기가 쉬운 것이 아니니 자리가 있을 때 들어가라고 했다. 그런데 나는 공단 지역에 있는 학교에 가고 싶지 않았다. 지역 가산점이 있는 학교는 교사 간 경쟁하는 분위기가 지배적이었다. 그리고 관리자의 지시에 복종하는 분위기가 있었다. 그런 학교에 적응하기 힘들 것 같았다.

그러던 중 우연한 기회에 배움의 공동체 연수를 들었다. 자기와의 만남, 타자와의 만남, 세계와의 만남과 대화를 통해 학생, 교사, 학교가 변한다는 철학, 한 명도 배움에서 소외하지 않는다는 철학이 너무도 마음에 들었다. 그래서 큰 고민 없이 배움의 공동체를 바탕으로 하는 혁신학교인 E 중학교를 선택했다. 관리자 승진에 아무런 도움이 되지 않는 혁신학교를 선택하자 다들 제정신이 아니라고 했다. 후회할 것이라고 다시 생각해보라는 말을 정말 많이 들었다. 그래도 내 결심은 변하지 않았다. 기존 학교와는 다른 학교에서 근무할 수 있을 것 같다는 막연한 기대감이 매우 컸다.

지금은 혁신학교가 많이 보편화되었지만, 당시만 해도 낯설었다. 일반 학교 교사들은 혁신학교를 자신들과는 전혀 다른 교육을 하는 특별한 학교로 여겼다. 일반적이지 않은 교사들이 운영하는 특별한 학교로 여겼다. 시간이 지나면 자연스럽게 혁신학교도 사라질 것이라 생각했다. 대부분의 교사는 혁신학교 근무를 원하지 않았다. 기존에 해오던 교직 생활에 변화가 생기는 것을 원하지 않았다. 굳이 어려운 길을 선택하기 싫어했다. 해오던 대로 편하게 남은 교직 생활을 하길 원했다. 일반 학교 교사들에게는 혁신학교에 대한 벽이 있는 것처럼 보였다.

꼬마 생쥐가 빨간 벽에 올라 그 너머의 세상을 바라보고 있다. 빨간 벽 너머의 세상은 다른 동물들에게는 미지의 세계다. 동물들이 사는 곳은 오래전부터 빨간 벽에 둘러싸여 있었다. 동물들은 벽 너머의 세상을 전혀 궁금해하지 않는다. 동물들에게도 그들 나름의 이유가 있다. 고양이는 "아무도 들어오지 말라고 있는 거야, 벽은 우리를 지켜 줘, 저 바깥쪽은 위험해", 곰 할아

빨간 벽
브리타 테켄트럽 지음
김서정 옮김
봄봄출판사

버지는 "저 벽은 아주 오래전부터 있었단다. 이제 내 삶의 일부야", 여우는 "벽 뒤에 뭐가 있든 무슨 상관이야. 꼬마 생쥐, 넌 질문이 너무 많아. 뭐든 있는 그대로 받아들여. 그러면 나처럼 행복해질 테니까"라고 말한다. 하지만 꼬마 생쥐는 다르다. 꼬마 생쥐는 벽 너머의 세상이 궁금했다. 파랑새의 도움을 받아 벽을 넘은 꼬마 생쥐는 상상도 못 했던 아름다운 세상을 발견한다. 너무나도 아름다운 세상을.

꼬마 생쥐는 혼자만 만끽하지 않고 동물들에게 새로운 세상을 보여주고 싶어 한다. 파랑새에게 동물들을 데려오겠다면서

뒤를 돌아보는데 신기하게도 벽이 사라지고 없었다. 그때 파랑새는 말한다. "벽은 처음부터 없었어."

항상 존재했던 벽인데, 왜 처음부터 없었다는 것일까? 사실 벽은 실제로 존재했던 것이 아니고 동물들의 마음속에 존재했던 것이다. 새로운 세상에 대한 낯섦과 두려움으로 스스로 벽을 두르고 있었던 것이다. 동물들은 그동안 새로운 세상을 만나지 못했던 것이다. 새로운 세상에 대한 호기심을 갖고 있던 꼬마 생쥐만은 아름다운 세상을 만날 수 있었다.

그 당시 내가 만났던 교사들은 스스로 벽을 만든 동물들처럼 변화를 두려워했다. 기존 방식대로 생활하면 편하다고 했다. 편하게 교직 생활을 마무리하면 되는데 굳이 힘든 길을 갈 필요가 없다고 했다. "뭐든 있는 그대로 받아들여. 그러면 나처럼 행복해질 테니까"라고 말하는 여우처럼. 난 변화를 선택했다. 두려움이 컸지만 도전을 선택했다. 동물들을 새로운 세상으로 인도한 꼬마 생쥐와 같은 마음은 없었다. 혁신교육의 선두주자가 되어 다른 교사들을 인도하겠다는 목표 같은 것은 없었다. 다만 새로운 세상, 새로운 학교를 경험하고 싶었다.

새로 옮긴 학교는 혁신학교로 지정된 지 얼마 안 된 학교였다. 모든 것을 새롭게 만들어가야 했다. 다들 의지는 충만했지만, 경험이 부족해 어떻게 학교를 변화시켜야 할지 몰랐다. 의견 충돌도 많았다. 하지만 경험 부족과 의견 충돌은 문제가 되지 않았다. 함께 근무하는 교사 모두가 학교 변화에 대한 열망이 있었기 때문이다. 학교를 어디서부터 어떻게 변화시켜야 하는지에 대해 많은 고민과 논의 끝에 철학과 비전을 공유하자는 결론에 이르렀다. 같은 학교에 근무하는 교사들이라면 바람직한 학교상, 학생상, 교사상에 대해 한목소리를 내야 한다고 생각했다.

『늑대 뛰어넘기』는 조직이나 공동체의 성장과 관련해 많은 생각을 하게 해준다. 늑대와 양의 짧은 우화를 통해 많은 것을 알려준다. 아름다운 초원에 양 떼 한 무리가 살고 있다. 양들의 삶은 평화롭지 못하다. 양들을 끊임없이 위협하는 늑대들 때문이다. 양들은 날카로운 가시가 돋친 철조망 울타리 안에서 살았지만, 늑대는 아랑곳하지 않고 양들을 잡아먹는다. 이런 상황에서 벗어나고 싶어 하는 오토는 다른 양들에게 늑대로부터 더 이상 죽임을 당하지 않는 날이 오기를 희망한다고 말한다. 하지만 다른 양들은 그런 일은 불가능하다며 오토의 말을 일축한다. 오토는 늑대를 막을 수 있을 거라는 희망을 다시 얘기해보지만, 철조망 울타리를 넘어 양들을 잡아먹는 늑대의 존재를 무서워하는 다른 양들은 그저 불가능하다고 생각한다. 오토는 포기하지

늑대 뛰어넘기
데이비드 허친스 지음
바다출판사

않고 늑대로부터 안전하기 위해서 학습을 해야 한다고 주장한다. 늑대가 울타리를 넘는 법을 배우는 동안 늑대의 위협으로부터 안전할 수 있는 방법을 더 빨리 배워야 늑대를 막을 수 있다고 강조한다. 오토는 자청해서 밤에 보초까지 선다. 양들을 지키는 일에 앞장을 선다. 하지만 결국 오토는 늑대에게 잡아먹히고 만다.

잠시나마 늑대로부터의 안전한 삶에 대한 희망을 품게 했던 오토의 죽음으로 양들은 슬픔에 빠진다. 그렇지만 이내 정신을 차리고 늑대를 막기 위한 방법을 찾기 위해 머리를 맞댄다. 그때

새끼 양이 '왜 늑대들이 매일 오지 않고 가끔씩 오는 거지?'라고 의문을 품는다. 늑대가 울타리를 넘을 수 있다면 매일 밤 찾아와 양들을 잡아먹을 텐데 그러지 않는다는 점이 의심스러웠다. 양들이 고민한 결과 늑대들이 비가 많이 오지 않는 덥고 건조할 때 자주 찾아왔다는 점을 알아낸다. 양들은 울타리 경계 지역에 개울을 발견한다. 그리고 늑대들이 철조망을 넘어 온 것이 아니라 개울물이 말랐을 때 철조망 아래로 들어온다는 사실을 알게 된다. 양들은 힘을 모아 둑을 쌓았고 늑대로부터의 위협에서 벗어난다.

양들이 늑대들의 위협에서 벗어날 수 있었던 이유는 무엇일까? 예전부터 양들은 늑대에게 잡아먹혔다. 그런데도 양들의 개체 수는 늘었다. 대부분의 양은 이 상황을 어쩔 수 없는 현실로 받아들였다. 그런데 오토는 달랐다. 새로운 세상을 꿈꿨다. 다른 이들이 비현실적이라고 하더라도 꿈을 이룰 수 있다고 희망을 전파했다. 오토는 희생되었지만, 그로 인해 양들은 희망을 품었다. 그리고 오토의 희망을 현실화시켰다. 서로 머리를 맞대어 이상이 현실이 되는 놀라운 결과를 만들어냈다. 그 과정에서 양들은 협력적으로 배우고 학습을 했다.

교육은 교사의 질을 능가할 수 없다. 교육 혁신에 대한 이상을 품은 교사들이 있어야 학교가 변할 수 있다. 학교를 혁신하자는 것은 특별한 것이 아니다. 비정상적으로 운영되어 왔던 공교육을 정상화하자는 것이다. 가르쳐야 할 것을 제대로 가르치자는 것이다.

오토의 꿈과 희망을 양들이 공유했기 때문에 늑대의 위협으로부터 안전할 수 있었다. 교사들이 학교상, 학생상, 교사상에 대한 교육철학과 비전을 공유하면 학교 일을 쉽게 처리할 수 있다. 내가 근무했던 혁신학교 교사들은 교육철학, 비전을 공유하는 것부터 시작했다. '배움으로 성장하는 행복공동체'라는 학교 비전을 만들고, 교사와 학생 모두가 배움으로 성장하면서 학교를 행복공동체로 만들겠다는 희망을 품었다. 희망과 이상을 현실로 만들기 위해 교사들은 매주 모여 함께 공부하고 실천하면서 끊임없이 우리가 추구하는 철학과 비전을 실현하기 위해 노력했다.

공유된 철학을 바탕으로 학교를 변화시키기 위해 가장 먼저 수업을 바꿨다. 교사가 알고 있는 지식을 학생들에게 일방적으로 전달하는 강의식 수업으로는 학교 변화가 어렵다고 생각했다. 교탁을 향해 일자 배열로 앉는 것은 학생과 교사가 소통하는 방식이다. 그 방식으로는 학생들끼리 대화가 잘 이뤄지지 않는다. 그래서 책상 배열부터 ㄷ자 형태로 바꾸었다. 서로 마주 보며 앉을 수 있게 자리를 바꾼 것만으로도 교실 분위기가 많이 달라졌다. 교사들은 수업에 대해 함께 고민하면서 학생들이 삶과 연계된 문제를 기반으로 협력적으로 배움이 일어날 수 있도록 수업을 변화시켰다. 수업이 바뀌면 학생이 바뀌고 학생이 바뀌면 학교가 바뀐다는 희망을 갖고 열심히 노력했다.

하지만 방심은 금물이다. 『늑대 뛰어넘기』는 마지막에 늑대들이 울타리를 자르는 장면으로 끝이 난다. 이제 양들은 새로운 위험에 직면하게 될 것이다. 울타리를 자르고 넘어오는 늑대를 막기 위해 양들은 다른 방법을 강구해야 한다. 서로 협력하며 머리를 다시 맞대어야 한다.

학교도 그랬다. 변화가 쉽지 않았다. 이상과 현실은 달랐다. 수업이 바뀐다고 모든 것이 좋아지지는 않았다. 수업은 바뀌고 학생들도 협력적으로 배우는 태도가 어느 정도 정립되어 갔지만, 여전히 학생들은 학교의 중심으로 나서지 않고 수동적이었다. 예의 없고 버릇없이 행동하는 경우도 많았다. 그로 인해 교사들은 상처를 많이 받았다. 교사들이 이렇게 노력하고 변화를 위해 헌신하는데 교사들의 노력만큼 따라주지 않는 학생들을 볼 때마다 힘이 빠졌다.

그래도 희망을 잃지 않았다. 학생을, 학교를 바꾸는 것이 쉽지 않았지만, 교사들은 좌절하지 않고 힘을 모았다. 교사들의 노력으로 학생도 학교도 변화할 것이라는 믿음이 있었다. 교사들끼리 더 협력하고 의지하고 힘들 때면 서로를 위로했다. 수업을 바꾸고 학생 중심의 학교문화를 만들기 위해서 학생자치를 강화했다. 그 후 회복적 생활교육을 전면 도입하고 교실과 학교를 마음으로 연결되는 평화로운 공동체를 만들기 위해 노력했다. 그 결과 매년 조금씩 발전하고 성장하는 학교가 될 수 있었다.

매일 아침 일곱 시 삼십 분까지
우릴 조그만 교실로 몰아넣고
전국 구백만의 아이들의 머릿속에
모두 똑같은 것만 집어넣고 있어
막힌 꽉 막힌 사방이 막힌

_ 서태지와 아이들, '교실 이데아' 중에서

1994년 발표된 서태지와 아이들의 '교실 이데아'의 가사다. 20년이 훨씬 넘은 시절의 내용인데 요즘 학교 모습과 크게 달라지지 않은 것 같다. 안타까운 현실이다. 언제까지 19세기 교실에서 20세기 교사들이 21세기를 살아갈 학생을 가르치는 일을 반복해야 할까? 이제는 정말 변화가 필요하다.

교사들은 흔히 말한다. 한두 명이 바뀐다고 학교는 변화하지 않는다고. 하지만 오토가 늑대의 위협으로부터 안전한 삶을 꿈꾸었듯이 학교를 변화시키겠다는 희망을 품은 교사가 많이 생겨날수록 학교는 변할 것이다. 변화를 꿈꾸는 교사가 많이 있다는 사실은 더 나은 미래를 꿈꾸게 한다. 같은 꿈을 꾸는 교사들이 협력한다면 못해낼 것이 없다. 나는 그렇게 믿는다.

학생들이 할 수 있다는 믿음으로

 몇 해 전 어느 날, 교장 선생님의 갑작스러운 호출이 있었다. 평소 교장 선생님과 일대일로 대화를 해본 적이 없어서 살짝 당황했다. 무슨 말씀을 하실지 궁금하기도 했다. 교장 선생님은 나를 보자마자 대뜸 다음 해 학생자치 업무를 맡아달라고 했다. 그러면서 학생자치 업무를 학생부에서 분리시키겠다고 하셨다. 아무래도 학생부장이 학생들의 잘못된 점을 교육하는 일이 많은데, 학생 중심의 학생자치 업무까지 담당하는 게 맞지 않으니 학생자치를 독립적인 부서로 만들겠다고 했다. 혁신학교가 되고 2~3년 수업을 혁신하는 데 힘을 쏟았으니 다음 해부터는 학생자치 활성화를 통한 학생 중심의 학교로 만들고 싶다고 했다.

학생 중심으로 운영되는 학교가 되기 위해 학생자치 활동이 중요하다는 교장 선생님 말씀에 고개가 끄덕여졌다. 그런데 '왜 학생자치 업무를 내게 맡기셨을까?'라는 의문이 들었다. 학생자치 업무를 담당해본 적도 없는데 무엇을 보고 나를 선택했는지 의아했다. 그럼에도 불구하고 별다른 고민 없이 그 자리에서 학생자치 업무를 담당하겠다고 했다. 내 능력을 믿고 일을 맡겨준 것이 그저 감사했다.

그날 이후 학생자치 업무를 담당하기 위해 열심히 준비했다. 다른 학교 사례들도 살펴보고 연구 자료들도 검토하면서 어떻게 하면 학생자치를 활성화할 수 있을지 많은 고민을 했다. 고민 끝에 얻은 한 가지 결론이 있다. 학생자치는 학생들의 몫이다. 교사인 내가 혼자서 할 수 있는 일이 아니며, 그렇게 해서도 안 된다. 난 학생들이 역량을 마음껏 펼칠 수 있도록 조력자의 역할을 하면 된다는 것이다.

학생자치 업무의 시작은 리더십 캠프였다. 학기 말, 다음해 학생자치회 일을 담당할 새로운 임원 학생들이 선출되었다. 새로 선출된 학생자치회 임원 학생들과 겨울방학 리더십 캠프를 떠났다. 일 년 동안의 학생자치회 계획 수립을 하기 위해서였다. 그런데 학생들은 그저 놀러 간다고 좋아했다. 눈썰매도 타고 숙소에서 친구들과 놀 생각에 다들 들떠 있었다. 가는 버스 안에서도 왁자지껄 떠드는 소리, 웃음소리가 그치지 않았다. 숙소에 도착하자마자 눈썰매를 탔다. 날씨가 많이 추웠지만, 학생들은 정말 즐겁게 눈썰매를 탔다.

눈썰매를 타고 나서 회의실로 모였다. 학생자치회 운영계획을 세우기 위한 회의가 시작되었다. 회의를 시작하려는데 학생들의 불만의 소리가 터져 나왔다.

"선생님, 학생자치회는 선생님들이 시키는 일만 하면 되는데 우리가 계획을 왜 세워요?"
"계획을 세운다고 해도 어차피 선생님들이 하고 싶은 대로 다 할 텐데 아무 소용 없잖아요."

사실 학생들의 그런 생각은 당연할 수밖에 없었다. 그때까지 학교는 여전히 교사 중심이었다. 그런 학생들의 생각을 바꿔줄 필요가 있었다.

"선생님은 학교의 중심은 너희라고 생각해. 다른 건 몰라도 너희가 여기서 머리를 맞대고 힘들게 세운 계획들을 실행할 수 있도록 도와줄 거야. 앞으로는 내가 너희의 심부름꾼이 될 거야."

그렇게 취지를 설명하고 나서야, 학생들과 회의를 시작할 수 있었다. 우선, 이전 년도에 학생자치회가 참여한 학교 활동 중에서 유지해야 할 것, 개선해야 할 것, 폐지해야 할 것을 구분했다. 이를 바탕으로 일 년 운영계획을 세우기 시작했다. 학생들은 진지하게 참여했다. 부서별로 회의하고 발표하고 다른 부서원들의 피드백을 받고 운영계획을 수정했다. 학생들 스스로 납득할 수 있을 때까지 수정한 운영계획을 발표하고 피드백 받고 다시 수정했다. 이 과정을 무한 반복했다.

3시에 시작한 회의는 10시를 넘어서 끝이 났다. 학생들은 많이 지쳤지만, 계획이 조금씩 완성되어가는 것을 보면서 뿌듯해했다. 다음날 아침 최종 발표를 끝으로 리더십 캠프를 마치고 학교로 돌아왔다.

리더십 캠프를 마치고 얼마 후 새 학기 준비를 위한 교사 워크숍이 있었다. 워크숍에서 교사들에게 학생자치의 의의와 중요성을 안내하는 시간을 가졌다. 그 자리에 학생자치회 학생들을 참여시켰다. 우선 내가 교사들에게 학생자치의 의의와 중요성에 대해서 안내하고 뒤이어 학생자치회 학생들이 리더십 캠프에서 완성한 부서별 계획을 발표했다. 학생들은 자신들의 계획을 교장 선생님을 포함한 전 교사 앞에서 설명해야 했으니 무척 긴장했다. 학생들이 발표를 잘할 수 있을까 염려스러워 나 또한 덩달아 긴장했다.

학생들의 발표를 들으며 모두가 놀랐다. 그저 철부지 어린 학생들로 생각했는데, 많이 떨지도 않고 교사들의 질문에도 답변을 잘했다. 무엇보다 학생들이 계획한 내용들이 새로웠고 학교를 바람직하게 변화시킬 수 있을 것으로 생각되었다. 그때 난 이 학생들과 학교를 바꿀 수 있겠다는 희망을 얻었다. 학생들의 잠재력은 무궁무진하다는 것을 다시 한번 느꼈다.

새 학년이 시작되고 학생들은 서로 격려하며 계획한 활동들을 열심히 해나갔다. 부서별로 정말 다양하고 의미 있는 활동을 했다. 그렇게 1~2년을 보내고 나니 학생자치가 활발히 이루어졌다. 학생들이 수많은 행사를 기획하고 운영하면서 즐겁고 행복한 학교를 만들었다. 교사의 별다른 도움 없이도 학생들이 스스로 예산을 나누고 집행하는 등 모든 면에서 원활하게 진행되었다. 하지만 난 항상 넘지 못하는 무언가를 느꼈다.

학생자치회 활동을 3단계로 나누기도 한다. 1단계는 학생자치회가 교사들의 심부름 역할을 하는 데 그치는 것이다. 2단계는 학생 중심으로 행사를 기획하고 운영하는 것이다. 3단계는 학생자치회에서 행사 진행에 그치는 것이 아니라 수업, 생활교육 등에서 학교 문화를 긍정적으로 변화시키는 것이다. 이렇게 봤을 때 그 당시 학생들이 운영한 학생자치회 활동은 2단계에 그친 것이었다. 학생들이 학교문화 자체를 바꿔가지는 못했다. 수업 분위기가 좋지 않거나 학교생활에 여러 문제가 발생했을 때 학생들은 스스로 해결할 수 있다고 생각하지 못했다. 중요한 결정은 여전히 교사들의 몫이었다.

학생자치를 활성화한다고 한 시점부터 학생자치회 학생들은 끊임없이 교칙 개정을 요구했다. 특히 용의복장 관련한 교칙 개정을 강력히 주장했다. 염색, 화장, 체육복 등교 허용 등에 관한 요구였다. 하지만 관리자들과 교사들은 용의복장 문제를 논의하길 거부했다. 학생다움을 지킨다는 이유로, 염색이나 화장을 허용할 경우 공부를 등한시한다는 이유로, 학부모들이 반대한다는 이유로. 교칙은 학생을 위한 것인데 학교에서는 학생들이 원하지 않는 교칙을 강요하기에 바빴다. 그러다 보니 학생들은 학교의 중요 사항에 대해서는 자신들이 바꿀 수 없다고 생각해버렸다. 무기력함을 느끼게 되는 일이 반복되니 학생들은 그다음부터는 학교의 중요한 문제들에 대해서는 고민하지 않았다. 학생들이 즐길 거리를 위한 행사 기획에만 활동이 멈춰버렸다.

도서관에 간 사자
미셸 누드슨 글
케빈 호크스 그림
웅진주니어

 사자가 도서관에 간다. 사자가 도서관을 출입하자 대출 창구에서 일하는 맥비 씨는 부리나케 달려 관장에게 보고한다. 관장은 맥비 씨에게 사자가 도서관에서 지켜야 할 규칙을 어겼는지 묻는다. 규칙을 어긴 것이 없다고 하자 사자를 그냥 내버려 두라고 한다. 사자는 도서관이 좋았다. 도서관 이곳저곳을 돌아다닌다. 잠도 자고 이야기 선생님이 책을 읽어줄 때는 아이들과 함께 열심히 듣는다. 아이들도 사자가 좋다. 사자와 함께 지내는 것이 재미있다. '사자는 도서관에 있어서는 안 된다'는 규칙이 없기 때문에 도서관에서도 사자를 함부로 내보내지 않는다. 도서관에서 조용히 한다는 규칙만 지킨다면 도서관 출입이 가능했다.

다음날부터 사자는 도서관에 왔고 이제는 관장의 일을 돕기까지 한다. 백과사전 위에 쌓인 먼지를 털어내고 편지 봉투를 붙인다. 사자는 도서관 생활에 적응하며 잘 지낸다. 그러던 어느 날 관장이 높은 곳에 있는 책을 꺼내다 넘어지고 만다. 관장이 일어나지 못하자 사자는 허겁지겁 달려서 대출 창구에 있는 맥비 씨를 찾아간다. 맥비 씨가 사자가 하는 말을 알아듣지 못하자 사자는 고함을 지른다. 맥비 씨는 그제야 허둥지둥 달려가 관장을 구한다.

사자는 도서관에서 조용히 해야 한다는 규칙을 어겼다. 규칙을 어기지 않는다는 조건으로 도서관에서 생활할 수 있었는데, 이제는 그러지 못한다는 생각에 사자는 슬펐다. 사자는 도서관을 떠났다. 사자는 더 이상 도서관에 나타나지 않았다. 관장도 아이들도 사자가 그리웠다. 그 모습을 본 맥비 씨는 사자를 찾으러 돌아다닌다. 도서관 앞에서 사자를 발견한 맥비 씨는 "네가 알면 기뻐할 일이 있어. 도서관에 새로운 규칙이 생겼단다. 으르렁거리면 안 됨. 단, 그럴만한 이유가 있는 경우는 예외임. 그러니까 다친 친구를 도와야 할 경우 같은 것 말이지"라고 말한다. 그 말을 듣고 사자는 기뻐하며 도서관으로 향한다.

규칙은 왜 만들어진 걸까? 공동체 구성원들끼리 서로 평화롭고 안전하게 지내기 위해서다. 학교의 규칙인 교칙도 마찬가지이다. 학생들이 안전하면서도 행복한 학교생활을 할 수 있도록 하기 위해 만들어졌다. 사자로 인해 도서관 규칙이 바뀌었듯이 학생들이 행복한 학교생활을 위해 교칙은 언제든 바뀔 수 있어야 한다. 하지만 학생들의 요구와 필요를 인정하지 않고 교사의 잣대대로 교칙을 만드는 경우가 많다. 학생들의 교칙 개정 요구도 받아들이지 않는다. 학생들은 지금 염색과 화장 등 용의복장뿐만 아니라 다양한 교칙에 대해 논의하자고 사자의 절규처럼 강력하게 외

치고 있다. 그렇지만 교사들은 학생들의 요구를 듣지 않는다. 학생들은 좌절한다. 아무리 학생 중심으로 많은 행사를 기획하더라도 정작 중요한 학교의 일은 교사와 학부모들 어른들이 결정할 일이라고 생각하게 된다. 학생들의 가장 절실한 요구는 받아들여지지 않으니 학생들이 학교문화를 바꾸는 데는 한계가 있다.

학생들이 생활 속 당면한 문제를 민주적인 절차와 방법으로 해결해나가는 과정을 배우고 실천하는 과정이 학생자치다. 그런데 학생들이 원하고 요구하는 문제에 대해서 침묵하는 경우가 많다. 이런 상황에서 학생자치를 활성화하겠다는 것은 어불성설이다. 가장 기본적인 요구조차 받아들일 생각을 하지 않으면서 어떻게 학생자치 활성화를 통해 학생중심 학교, 학생들이 다니고 싶은 행복한 학교를 만들어갈 수 있겠는가. 그동안 내가 경험한 학생자치 활동을 보면, 학생들은 정말 뛰어나다. 우리 교사가 생각하지도 못하는 것들을 만들어낸다. 학교의 다양한 문제들에 대해서도 깊은 고민과 해결책을 제시하기도 한다. 다만 그동안 우리가 학생들의 능력을 외면했을 뿐이다. '어린아이들이 뭘 할 수 있겠어'라는 부정적인 생각만 바꾼다면 엄청난 변화를 볼 수 있을 것이다.

학생들에 대한 믿음을 갖자. 기다리자. 격려하자.

교사로
살아간다는 것

　소심한 소라게는 매일 아침 따르르릉 울리는 알람 소리가 싫다. 출근하라는 신호이기 때문이다. 바쁘게 출근길을 재촉하는 사람들 속에서 소라게는 소심한 성격 탓에 다른 사람들에게 피해를 주지 않으려 애쓰며 출근을 한다. 만원 지하철을 타고 내리는 것도 힘들다. 어렵게 출근한 사무실, 다른 사람들에게 하는 "지금이 몇 시입니까! 늦으면 곤란해요!"라는 말을 자신에게 하는 말로 알고 놀라곤 한다. 업무상 통화할 때도 목소리가 작아 상대방이 전화를 끊을 정도다. 상사는 "소라게 씨! 그런 식으로 하면 사회생활 힘듭니다!"라며 한소리를 한다. 퇴근 시간 소라게는 친구들과 저녁 약속이 있다.

마음 조심
윤지 글·그림
웅진주니어

　오랜만에 친구들을 만나고 소라게는 서로 안부를 묻는다. "웬만한 건 이제 그냥 넘길 수 있을 정도로 마음이 강해졌다"는 게의 말을 들으며 부러움을 느낀다. 자신은 그렇지 못하는데 친구는 벌써 사회생활에 적응을 했으니 말이다. 그러면서 친구의 성장에 진심 어린 축하를 보낸다. 하지만 그것도 잠시, 포크가 떨어지는 소리에 게를 포함한 친구들이 모두 깜짝 놀란다. 게는 괜찮아진 것이 아니었다. 괜찮은 척했을 뿐이었다. 그래도 괜찮다. 하루하루 노력하면 나아질 거라 믿으며 서로 격려한다. 헤어지는 길, 서로 잘 지내기를 바라며 다음 만남을 기다린다.

교직 생활 동안 수많은 교사를 만났다. 같은 학교에 근무할 때는 제법 친하게 지낸 교사들도 있다. 그런데 지금 개인적으로 연락하는 교사는 거의 없다. 사람과의 관계 맺는 것을 좋아하지 않는 내 성격 탓인데다가 사실 사회에서 만난 이들과 친구가 되는 것도 어렵다. 어린 시절 친구들처럼 순수하게 만남을 지속할 수 없는 까닭이다. 이런 내게도 일 년에 두세 번씩 꾸준하게 만남을 지속하고 있는 동료 교사들이 있다. 바로 첫 발령학교 동기들이다.

2008년 개교 학교로 발령을 받았다. 개학 전 준비를 위해 학교를 갔을 때 동기 교사들을 만났다. 전체 16명의 교사 중에 10명이 나와 같은 신규 교사였다. 처음 만났지만 인사를 나눌 겨를도 없이 우리는 신입생 맞이 준비를 해야 했다. 교무실에도 아무것도 없어서 책상과 소파 등을 나르고 정리했다. 교실에 책상과 의자를 옮기기도 했다. 교사가 되고 처음으로 한 일이 몸을 쓰는 일이었다. 수업이나 담임교사로서 어떻게 해야 하는지에 대해서 선배 교사들로부터 배울 시간도 없었다. 하루하루 정리 정돈으로 바쁜 나날을 보냈다.

함께 몸을 쓰고 서로 도와주면서 일을 하다 보니 동기 교사끼리 빨리 친해졌다. 의지할 선배 교사가 거의 없어서 동기 교사끼리 협력하면서 일을 해야 했다. 동기 교사들은 모두 학교 근무 경험이 없어 아는 것은 없었지만, 서로 의지하면서 학교 일을 하는 것이 재미있었다. 일반 학교에서는 보통 많아야 한두 명 발령 동기 교사가 있는데 신설 학교라는 이유로 10명이나 동기가 있다는 게 든든했다.

동기 교사들과 영원할 것 같았던 행복한 학교생활도 2~3년이 지나면서 달라졌다. 한두 명씩 매년 다른 학교로 옮겨갔다. 교사는 만남과 이별에 익숙해야 한다는 말을 실감했다. 첫 학교에 5년 동안 근무했던 나는 매년 동기 교사들을 떠나보내는 입장이었다. 이별의 안타까움을 안고 매년 새로운 선생님을 만나며 떠나간 이들을 그리워하는 것은 내 몫이었다. 5년을 채우고 나도 다른 학교로 옮기면서 동기 교사들은 모두 헤어지게 되었다.

동기라는 말에는 왠지 모를 애틋한 감정이 있다. 동지 같은 느낌이 있다. 같은 목적, 같은 뜻을 이루기 위해 함께 노력한, 그 과정에서 희로애락을 함께 나눈 이들이기에 동지라고 할 수 있다. 같은 학교에서 신입 교사로서 학생들을 열심히 가르치기 위해서 힘을 모았던 동기 교사들이기에 내게는 동지다. 그런 동지들과 이별하고 새로운 학교에 적응하느라 한동안 동기 교사들을 잊고 살았다. 새로 옮긴 학교는 혁신학교였기 때문에 모든 게 낯설었다. 많은 것을 새로 배우고 익혀야 했기에 주변을 둘러볼 여유가 없었다. 다른 동기 교사들도 마찬가지였다. 서로의 안부를 궁금해했지만, 만나서 이야기 나눌 여유는 없었다.

다들 어느 정도 새로운 학교에 적응할 때쯤 누가 먼저랄 것이 없이 다시 뭉치자는 데 동의했다. 그렇게 우리는 다시 만났다. 물론 10명이 다 모이진 않았다. 정기적으로 모이면서 한두 명씩 바쁘다는 이유로, 각자의 삶에 충실한다는 이유로 불참했다. 다시 1~2년이 지나고 나니 10명 중 절반인 5명만 만남을 이어갔다.

열정적으로 자신의 삶을 살아가는 특성화고등학교 국어 선생님, 두 아이의 엄마인 중학교 사회 선생님, 역시 두 아이의 아빠인 중학교 체육 선생님, 마지막으로 세 아이를 키우느라 6년째 육아휴직 중인 음악 선생님 그리고 나. 이렇게 우리는 힘들 때 가끔 만난다. 만나면 늘 같은 주제로 이야기한다. 각자의 개인적인 삶 그리고 교사로서의 삶에 대해서.

특성화고 국어 선생님은 요즘 연극에 빠져 있다. 한동안 여행을 즐겼는데, 여행은 주로 방학 중에 다닐 수 있어서 평소에 즐길 거리를 찾다가 자신의 적성에 맞는 연극을 만났다. 연극을 좋아하는 교사들과 함께 연극을 만들고 공연하면서 즐겁게 살아가고 있다.

두 아이의 엄마인 사회 선생님은 아직 어린 둘째 딸을 보느라 정신이 없다. 돌도 지나지 않은 아이라 늘 엄마가 곁에 있어 줘야 해서 자유 시간이 거의 없다. 퇴근하자마자 집으로 돌아가 가정주부로, 엄마로 살아가고 있다.

두 아이의 아빠인 체육 선생님은 아주 가정적이다. 일 년 동안 육아휴직을 하고 자녀를 돌볼 정도로 가정에 충실하다. 최근에는 목공이라는 새로운 취미가 생겼다.

세 아이를 키우고 있는 음악 선생님은 수년째 휴직 상태로 아이를 돌보며 시간을 보내고 있다. 가정적인 남편, 너무나 예쁜 아이들 덕분에 행복한 나날을 보내고 있다.

이런 개인적인 삶의 이야기를 할 때면 모두 표정이 밝다. 그렇게 서로 살아가는 이야기를 하고 나면 스트레스가 풀린다. 행복하고 즐거운 이야기를 듣는 것만으로도 내 마음도 좋아진다.

개인적인 삶의 이야기는 교사로서의 생활 이야기로 넘어간다. 교사로서의 삶 이야기를 나눌 때면 다들 표정이 바뀐다. 다들 힘들게 하루하루 견디며 살아가고 있는, 이 시대의 교사로서의 무게가 느껴진다. 지난 10년 넘게 교사로서 열심히 산다고 노력했지만, 무엇 하나 제대로 이룬 것이 없는 것 같기도 하고 학생들을 잘 교육하고 있는지에 대한 확신도 없는 까닭이다.

권투 선수가 링에 오른다. 상대 주먹에 맞으며 힘들게 버틴다. 그만 포기하려고도 했지만, 조금만 더 힘내보기로 한다. 그러나 돌아오는 건 상대의 주먹이다. 다운을 당한다. 지금 이곳이 어딘지, 자신이 무엇을 하는지도 모른다. 끝까지 시합을 마칠 수 있을지에 대한 자신도 없다. 땀이 비 오듯이 흐르고 다리에 힘이

가드를 올리고
고정순 글·그림
만만한책방

아무도 없는 모퉁이에서

풀려 한 걸음도 내디딜 힘이 없다. 하지만 절대 포기하지 않는다. 한쪽 모퉁이에서 다시 가드를 올린다.

나를 포함한 동기 교사들 그리고 모든 교사는 매일 링에 오른다. 학교라는, 교실이라는 링에 오른다. 학생은 결코 쉬운 상대가 아니다. 학생들로부터 수많은 상처를 받는다. 그 상처들로부터의 아픔 때문에 끝까지 교육자로 남아 있을 수 있을지에 대한 자신이 없다. 포기하고 싶은 마음에 사표를 쓰고 싶기도 한다. 하지만 포기하지 않는다. 한쪽 모퉁이에서 다시 가드를 올리고 학생을 만날 준비를 한다.

특성화고 국어 선생님은 누구보다 열심히 수업을 준비하며 10년을 보냈다. 매일 5시에 일어나 출근 전 수업 준비를 하루도 빠짐없이 한다. 그러면서도 자신은 늘 수업 준비가 부족하다며 더욱더 수업 준비에 매진한다. 지금은 특성화고등학교 학생들에게 국어를 어떻게 가르쳐야 할 것인지에 대한 고민이 많다.

두 아이의 엄마 사회 선생님은 올해 엄청나게 많은 업무를 담당한다. 2년 후 폐교 예정인 학교라 교사의 수가 적은 이유도 있지만, 일을 잘한다는 이유로 많은 업무를 담당하게 되었다. 성적, 학적, 생기부 등 3명 이상이 담당해야 할 업무를 혼자서 담당하며 전쟁 같은 하루하루를 보낸다. 학교에서는 업무에 치이고 가정에서는 육아에 가정 살림까지 숨 쉴 틈 없이 없다.

두 아이의 아빠인 체육 선생님은 자신만의 확고한 교육철학을 바탕으로 의미 있는 체육 수업을 한다. 담임교사로서도 최선의 노력을 기울인다. 학교에서 교사로서, 가정에서 아빠로서 남편으로서 모두 잘 해내기 위해서 안간힘을 쓴다.

세 아이의 엄마인 음악 선생님은 학교로 돌아가 학생들을 만날 자신이 없다며 한숨을 내쉬곤 한다. 다시 학교로 돌아갈 수 있을지에 대한 회의감과 두려움이 크다.

이 외에도 지난 세월 동안 교사로서 겪었던 아픔에 대해서 이야기하다 보면 어느새 눈시울이 붉어지기도 한다. 그렇게 우리는 아픔을 공유하고 위로한다.

『가드를 올리고』의 뒤표지에는 이런 글이 있다.

넘어지는 일 하나는 끝내주게 잘한다.
하지만 일어서는 것은 여전히 힘겹다.
때때로 나를 일으켜 준 이름 모를 권투 선수에게 이 책을 보낸다.

오늘도 일어서는 당신에게도.

나, 동기 교사들 그리고 모든 교사는 넘어지는 일 하나는 끝내주게 잘한다. 학생들로부터 너무나도 쉽게 상처를 받는다. '그냥 넘겨야지' 하고 매일 다짐하면서도 학생들이 못된 행동을 그냥 넘기지 못하고 마음속에 쌓아 둔다. 일어서는 것은 여전히 힘들지만 여전히 나를, 동기 교사를, 모든 교사를 일으켜주는 것도 학생이다. 내가 만났던 학생들에게 감사의 마음을 전한다. 너희가 있었기에 지금의 내가 있다. 너희를 만났기에 좀 더 바람직한 교사가 될 수 있었다. 감사하다.

"교사로 살아간다는 건 매일 링에 오르는 일이다. 교사로 살아간다는 건 사각의 외로운 링에서 절대 포기하지 않고 오늘도 일어서는 것이다. 매일 외로운 링에서 사투를 벌이고 있는 교사들에게 존경의 박수를 보낸다."

에필로그

교직 생활 일들을 정리하고 보니 10년이 조금 넘는 교직 생활 동안 참 많은 일이 있었다. 즐겁고 행복한 일도 있었지만, 돌이켜보면 부끄러운 일로 가득하다. 수많은 학생에게 좋은 교사가 아니었다는 사실이 때때로 나를 힘들게 한다.

그림책 『지각대장 존』의 존은 아침 일찍 학교로 나선다. 그런데 악어 한 마리가 나와 책가방을 무는 바람에 지각을 했다. 다음 날은 사자가 바지를 물어서 지각한다. 그다음 날은 다리를 건너는데 갑자기 커다란 파도가 밀려와 존을 덮치는 바람에 지각을 한다. 이렇게 믿기 힘든 일들을 겪으며 힘들게 등교를 하지만 돌아오는 것은 선생님의 체벌이었다. 선생님은 존의 말을 제대로 들으려고 하지도 않고 거짓말로 여긴다. 그리고 다시는 거짓말을 하지 않겠다는 글을 300번 이상 쓰게 한다.

그동안 난 『지각대장 존』의 선생님과 같았다. 학생의 말을 제대로 경청하지 않았다. 학생의 의견보다 내 의견을 중시했다. 학생의 입장에서 학생의 마음을 이해하려 하지도 않았다. 학생과 일정한 거리를 두고 강압적이고 위압적으로 학생을 지도하고 통제했왔다. 그 결과, 학생들의 마음을 열어주고 관계를 꽃피우는 교실을 만들지 못했다.

지각대장 존
존 버닝햄 글·그림
비룡소

표지 속 선생님의 얼굴은 포악하게 생겼다. 존을 힘들게 했던 악어와 사자의 모습이 얼굴에 반영되었다. 존의 입장을 고려하지 않고 존의 말을 이해하려 하지 않는 선생님은 존에게 악어이자 사자였다. 그동안 나를 만난 아이들이 나를 이런 얼굴로 기억하지 않을까 걱정스럽다.

하지만 과거는 과거일 뿐이다. 과거의 일을 통해 지금의 나를 돌아보면 된다. 현재 나는 좋은 교사가 되고자 노력하고 있다. 지금까지의 교직 생활보다 남아 있는 교직 생활이 훨씬 더 길다. 지난 10년은 안타까움이 가득하지만, 앞으로 남은 교직 생활은 희망찬 일로 가득하기를 기다린다.

『나는 기다립니다』는 삶의 전 기간의 기다림에 관한 이야기다. 어린 시절부터 죽음에 이르기까지의 인생에서 우리는 무언가를 늘 기다린다. 어린아이일 때는 잠들기 전 부모님이 뽀뽀해 주기를 기다린다. 나이가 들어서는 사랑하는 사람과 만나기를 기다린다. 결혼을 하고서는 아기가 태어나기를 기다린다. 아이들이 잘 자라기를 기대하고 아이들이 성인이 되어 품을 떠나고 난 다음에는 아이들의 안부 전화를 기다린다. 사랑하는 사람이 더 이상 아프지 않기를 기다린다. 사랑하는 이의 죽음 이후에는 다시 봄이 오기를 기다린다. 혼자 남은 집에서는 아이들이 자신

나는 기다립니다
다비드 칼리 글, 세르주 블로크 그림, 문학동네

을 보러 오기를 기다린다.

우리 삶은 기다림의 연속이다. 교직 생활도 기다림의 연속이다. 내 가르침으로 학생들이 성장하기를 기다린다. 학생들이 내게 마음의 문을 열어주기를 기다린다. 학생들과 상호작용하며 즐겁게 수업하기를 기다린다. 남은 교직 생활 동안 즐겁고 행복한 일이 가득하기를 기다린다. 교직 생활을 마무리하는 날 후회가 없기를 기다린다. 기다림이 있기에 오늘 하루도 그리 힘들지는 않다.

오늘도 학생들로 인해 힘들어하고 있는 선생님, 모두 떠난 교실에서 홀로 한숨 쉬며 괴로워하고 있는 선생님, 내가 왜 교사가 되었는지, 교사의 길이 맞는지에 대해 심각하게 고민하고 있는 선생님…. 삶에 지쳐 힘들 때면 그림책을 펼쳐보자. 그림책은 삶에 지친 우리의 마음에 위로와 위안을 건네줄 것이다. 지금 충분히 잘하고 있다고, 억지로 무엇을 더 할 필요가 없다고.

그림책은 당신에게 물을 것이다. 나답게 산다는 것은 어떤 것인지, 학생들과의 진정한 만남은 어떻게 해야 하는지, 교사로 살아간다는 것은 어떤 의미인지. 그림책을 한 장 한 장 넘기며 이런 물음들에 답을 하다 보면 다시금 희망이 생길 것이다.

외롭고 힘든 교사들 모두 그림책을 통해 행복해지기를 간절히 바란다.

버스에서 택시에서
자가용 안에서
주방에서
혹시 야근하고 있나요
모두 떠난 사무실에
홀로 앉아 한숨 쉬며
늦게까지 끙끙대나요

사랑은 언제 해봤는지
외로움에 답답함에
오늘도 그냥 버텨내나요
내 속삭임으로
행복의 주문 걸어
그대 맘을 밝혀줄게요
행복해져라 행복해져라
행복해져라 행복해져라
_ 커피소년, '행복의 주문'

이 책에 소개된 그림책

100만 번 산 고양이, 사노 요코 글·그림, 김난주 옮김, 비룡소

70%의 비밀, 이민희 글·그림, 천개의바람

가드를 올리고, 고정순 글·그림, 만만한책방

고래가 보고 싶거든, 줄리 폴리아노 글, 에린 E. 스테드 그림, 김경연 옮김, 문학동네

나는 기다립니다, 다비드 칼리 글, 세르주 블로크 그림, 안수연 옮김, 문학동네

너는 특별하단다, 맥스 루케이도 저, 세르지오 마르티네즈 그림, 아기장수의 날개 옮김, 고슴도치

너에게 난, 나에게 넌, 송봉주 글, 안병현 그림, 한솔수북

네가 태어난 날엔 곰도 춤을 추었지, 낸시 틸먼 글·그림, 이상희 옮김, 내인생의책

늑대 뛰어넘기, 데이비드 허친스 지음, 김철인 옮김, 바다출판사

도서관에 간 사자, 미셸 누드슨 글, 케빈 호크스 그림, 홍연미 옮김, 웅진주니어

돼지왕, 닉 블랜드 글·그림, 김혜진 옮김, 천개의바람

뒷집 준범이, 이혜란 글·그림, 보림

마음 조심, 윤지 글·그림, 웅진주니어

마음의 집, 김희경 글, 이보나 흐미엘레프스카 그림, 창비

빨간 나무, 숀 탠 글·그림, 김경연 역, 풀빛

빨간 벽, 브리타 테켄트럽 글, 김서정 옮김, 봄봄출판사

생각, 이보나 흐미엘레프스카 글·그림, 이지원 옮김, 논장

'생각'으로 무엇을 할 수 있을까?, 코비 야마다 글, 매 베솜 그림, 피플번역 옮김, 주니어예벗

세 가지 질문, 레프 톨스토이 원작, 존 무스 글·그림, 김수연 옮김, 달리

슈퍼 거북, 유설화 글·그림, 책읽는곰

아무도 지나가지 마!, 이자벨 미노스 마르틴스 글, 베르나르두 카르발류 그림, 민찬기 옮김, 그림책공작소

알도, 존 버닝햄 글·그림, 이주령 옮김, 시공주니어

야쿠바와 사자 1 : 용기, 티에리 드되 글·그림, 염미희 옮김, 길벗어린이

야쿠바와 사자 2 : 신뢰, 티에리 드되 글·그림, 염미희 옮김, 길벗어린이

오늘 하루도 괜찮아, 김나은 글·그림, 씨드북

오늘은 쉬는 날, 제인 고드윈 글, 안나 워커 그림, 안온 옮김, 파랑새어린이

완벽한 아이 팔아요, 미카엘 에스코피에 글, 박선주 옮김, 길벗스쿨

우리는 언제나 다시 만나, 윤여림 글, 안녕달 그림, 위즈덤하우스

점, 피터 레이놀즈 글·그림, 김지효 옮김, 문학동네어린이

중요한 사실, 마거릿 와이즈 브라운 글, 최재은 그림, 최재숙 옮김, 보림

지각대장 존, 존 버닝햄 글·그림, 박상희 옮김, 비룡소

진짜 곰, 송희진 글·그림, 뜨인돌어린이

헤엄이, 레오 리오니 글·그림, 김난령 옮김, 시공주니어

민주학교란 무엇인가
이대성, 이병희, 이지명, 이진희, 최종철, 홍석노 지음

민주시민 교육과정에서 민주적 학교문화까지

민주학교의 길을 먼저 걸어간 사람들의 고민과 실천이 담겨 있는 소중한 보고이다. 교육 정책의 일선에서 갈고 닦은 교육 이론과 실무, 행정 경험에 바탕하여 민주학교가 무엇인지를 보여준다.

놀이중심 교육과정
정나라, 정유진 지음

놀이중심 교육과정에 대한 유치원 현장의 고민에 답하다

유아의 놀이를 지원해줄 수 있는 연간, 월간, 주간교육계획 수록! 실제 사례로 살펴보는 놀이중심 교육과정의 의미와 궁금증에 대한 해답, 놀이 속 교사의 역할과 기록까지!

격려 수업
린 로트, 바버라 멘덴홀 지음, 김성환 옮김

어제의 내가 오늘의 나에게 주는 용기

지금 겪고 있는 문제를 해결하도록 돕는다. 무엇보다 용기를 잃고 낙담한 자신에게 용기를 준다. 주위 환경을 탓하고 자신을 비난하는 것이 아니라 어떻게 노력하여 성장하는지에 초점을 둔다

나랑 너랑 우리랑
박광철, 박현웅, 임대진, 공창수, 황정회, 정유진 지음

건강하고 행복한 교실을 만드는 관계의 지혜

건강한 관계는 평화롭고 행복한 교실의 시작과 끝이다! 첫 만남의 순간부터 헤어짐의 순간까지 일 년 동안 학급에서 건강한 관계를 맺고 유지하고 회복하는 데 도움이 되는 활동을 소개한다.

서준호 선생님의 토닥토닥
서준호, 노동현 지음

힘들고 지친 교사의 마음 안아주기

"괜찮아요." "완벽하지 않아도 돼요." "잘하고 있어요." 교실과 학급, 수업, 학생, 학부모, 학교 내 관계 그리고 업무까지. 고민하고 아파하는 교사들에게 건네는 따뜻한 위로와 부드러운 조언.

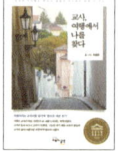
교사, 여행에서 나를 찾다 ★ 2019 세종도서 교양부문
차승민 지음

여행이라는 교과서를 넘기며 '몸으로 세상 읽기'

마흔 넘어 여행을 시작한 현직 교사의 여행 이야기이면서 동시에 교육 이야기인 이 책을 통해서 여행을 떠나야 하는 자신만의 이유와 작은 용기를 얻을 수 있을 것이다.

토론이 수업이 되려면
경기도토론교육연구회 지음

생각을 이끌어내는 토론 수업 안내서

교실에서 가장 많이 활용되는 찬반 토론, 소크라틱 세미나, 하브루타, 에르디아 토론, 그림책 토론의 이론적인 토대와 어떻게 수업에 적용할 수 있는지를 보여준다.

놀이로 풀어보는 유치원 학급운영
정유진, 정나라 지음

"이 책을 읽고 빨리 아이들을 만나고 싶어졌다!"
'황금의 5주' 3월을 위한 놀이 중심 학급운영. 기본생활습관 지도를 위한 다양한 활동과 팁, 친밀감을 높이는 관계형성놀이 그리고 교사의 마음가짐과 준비할 것들을 소개한다.

교육학 콘서트
밥 베이츠 지음, 사람과교육 번역연구팀 옮김

교육학을 만든 위대한 생각들
소크라테스, 플라톤, 아리스토텔레스에서 듀이, 비고츠키, 몬테소리, 가드너, 드웩, 블룸 등 고대에서 현대에 이르는 백여 명의 사상가의 이론과 모델을 도표와 사례로 쉽게 이해할 수 있다.

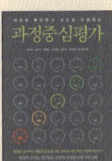
과정중심평가
김덕년, 강민서, 박병두, 김진영, 최우성, 연현정, 전소영 지음

'성적'이 아니라 '성장'이다
2015 개정 교육과정의 핵심 내용 중 하나로, 최근 교육 현장에서 가장 큰 화두인 '과정중심평가'를 소개한다. 특히 어떻게 실천할 것인가에 대한 실마리를 제시한다.

유치원 학급운영 어떻게 할까?
뿌리 깊은 유치원 교사 연구회 지음

유치원 현장 교사들의 연구와 실천 지식을 담은 첫 책!
유치원 학급운영을 고민하는 교사들에게 교실 환경 구성에서 모둠 운영까지, 등원 지도에서 귀가 지도까지, 문제해결을 위한 기술에서 학부모 상담까지 학급운영을 위한 모든 것을 알려준다.

제라드의 우주쉼터
제인 넬슨 지음, 빌 쇼어 그림, 김성환 옮김

어린이를 위한 긍정의 훈육 그림책
'긍정의 훈육'의 창시자인 제인 넬슨은 이 책에서 아이 스스로 감정을 조절할 수 있는 '긍정의 타임아웃'이 무엇인지, 이 공간을 활용하여 어떻게 자기감정을 조절할 수 있는지 알 수 있다.

리질리언스 ★ 2018 세종도서 교양부문
천경호 지음

아이의 회복탄력성을 키워주고 싶은 교사와 부모를 위한 긍정심리학
현직 교사인 저자는 '어떻게 하면 아이들이 역경을 성장의 밑거름으로 삼도록 도울 수 있는지', 아이들에게 리질리언스를 키워주려면 가정과 사회가 어떤 노력을 해야 하는지 이야기한다.

학급긍정훈육법 실천편
PD 코리아 지음

대한민국 교사들의 'PDC' 실천기
한국 교사들이 학급긍정훈육법(PDC)을 실천하고 적용해본 이야기를 담았다. 한국 교실의 사례를 담은 최초의 책으로 마치 '내 교실', '내 이야기' 같은 생생함과 공감을 느낄 수 있을 것이다.